だいわ文庫

日本ゴクラク湯八十八宿

柏井 壽

大和書房

まえがき

　ゴクラク湯宿というタイトルから温泉を連想された向きも多いだろうが、「中《あた》らずと雖《いえど》も遠《とお》からず」である。日本の宿でゴクラク湯宿と言えば、第一に温泉が来るのは当然のこと。本書でも多くが温泉を持つ宿である。しかし、温泉を持たない宿も八十八のひとつに数えている。温泉はなくてもゴクラク湯があるからだ。

　入浴の主たる目的は身体を清潔に保つためだが、日本には湯浴《ゆあ》みという独特の文化がある。それは、ただ洗浄だけではなく、湯に浸かり、心を軽やかにすることを目的としている。ひと風呂浴びる、とも言う。

　僕が住まう京都にはかつて、多くの銭湯があり、家に内風呂があっても、わざわざ銭湯に出掛けていって、ひと風呂浴びる都人は少なくなかった。風呂に入る、と同義語に見えて、そこには少なからぬ違いがある。

　一日の仕事を終えて帰宅し、食事の前にまずは入浴。これは、風呂に入る、だろう。

　休日の昼下がり。ブランチでお腹を満たした後、バスタブに湯を張って、文庫本などを持ち込んでの入浴。これが、ひと風呂浴びる。

つまりはリラックスタイムとしての入浴が、湯浴みであり、ひと風呂浴びるなのだ。これは無論のこと旅先でも同じで、温泉旅館なら当然のことだが、たとえそこがビジネスホテルであっても、宿でひと風呂浴びるのは旅の醍醐味《だいごみ》である。

あえて温泉宿に限定しなかったのは、旅のスタイルの変化のせいでもある。昔のように二週間も三週間も滞在する湯治宿なら、その泉質や効能は極めて重要な要素になるが、一夜の宿の温泉が劇的な効能をもたらすことも稀《まれ》だろうし、それなら、さほど泉質にこだわることもないのでは、というのが僕の見解である。

温泉の有無、泉質の優劣以上に僕が重視するのは、その雰囲気である。リラックスすることこそが第一義なのだから。どれほど優れた泉質であっても、一時間も二時間も歩いて行かねば入れない湯は敬して遠ざける。たとえ温泉であっても、掃除の行き届かない風呂には入りたくない。いくら部屋つきの露天風呂であっても、周囲を壁で囲まれた俄仕立《にわかじた》ての壺風呂《つぼぶろ》に入ってもまるでリラックスできない。

それなら温泉でなくても、心地よく湯浴みできる風呂のほうがよほどいい。絶えず清潔に保たれている大浴場を備えた旅館。眺めのいい部屋風呂を持つホテル。そのほうが、きっとリラックスできる。

加えて、宿は風呂のみにあらず、というのも僕の考え。宿で過ごす時間の内、風呂に入るのは、そう長くはないからだ。

たとえば温泉宿に泊まったとしよう。夕刻前にチェックインして、まずは大浴場へと向かう。のんびり湯に浸かったとして三十分ほどか。その後、夕食を摂って、寝る前に、もうひと風呂。ここで十五分ほど。明けて翌朝、朝食前に朝風呂を愉しむ。せいぜい三十分。合計して一時間強というのが、大方のところではないだろうか。

それに比べて、宿の滞在時間は最大で十八時間ほどある。つまり、風呂に入っている時間というのは、宿に滞在する時間の一割にも満たないのである。だからどうでもいい、のではなく、その逆で、だからこそ風呂は大事なのではあるが。

宿そのものの佇《たたず》まいであるとか、客室の有り様、食事の内容など、一夜の宿として肝要なことはほかにいくらもある。風呂だけが佳《よ》い宿より、風呂も佳い宿が僕は好きである。

北から南、東から西まで。温泉旅館はもちろん、歴史ある日本旅館からオーベルジュ、ビジネスホテル、果ては豪華客船に至るまで。年間二百五十泊を超えて宿に泊まる僕が厳選したゴクラク湯宿。ぜひとも一度、足を運んでほしい。そして、ひと風呂浴びて、心も身体もゆるゆると緩《ゆる》めてほしい。それこそが、旅の大きな愉しみなのだから。

もくじ

第2章 貸切、露天、大浴場。湯三昧を愉しめる宿

第3章 海に手が届く、オーシャンビューの湯宿

第4章 秘湯からリゾートまで、山々に佇む湯宿

第6章 湯上がり後の食、期待に応える宿

第7章 都会の穴場、意外な隠れ家となっている湯宿

第1章

一生に一度は泊まりたい ゴクラク湯宿

01

宿行脚《あんぎゃ》を始めるきっかけとなった良宿

四季亭

岩手県盛岡市／繋《つなぎ》温泉

今ではすっかり、ひとり旅がほとんどになってしまったが、子供がまだ小さい頃は、努めて家族旅行に出かけていた。僕が旅というものを通じて、多くを学んできたこともあって、場所を変え、趣《おもむ》きも変えながら、幾度となく家族で旅をした。

多くは夏休みで、次が春休み。冬は学校の休みも短く、年末年始は家の行事もあるので、滅多に家族旅行をすることはなかった。

ある年の春。スキー旅行を計画し、その前に温泉で一泊という企《くわだ》てをした。スキー場は安比《あっぴ》で、温泉は岩手の繋温泉。その宿として選んだのが「四季亭」という小ぢんまりした宿である。当時、伊丹から花巻までは小さな飛行機しか飛んでおらず、冬の名残の低気圧に巻き込まれたせいで、ひどい揺れに悩まされ、宿に着いてようやく、ひと息つけたのだった。

木の香漂《ただよ》う大浴場へ子供を連れていき、ひと通りの入浴マナーを教え、みちのくの湯を皆で愉しんだ。

湯上がりの夕餉《ゆうげ》は瀟洒《しょうしゃ》な懐石仕立てで、海山の幸をふんだんに使い、岩手ならではの郷土色も豊かな、申し分のない料理だった。

子供ながらに、その料理の価値がわかるのか、嬉々《きき》として食べ進めていたのだが、中頃から雲行きが怪しくなってきた。長女が苦悶《くもん》の表情を浮かべ始めたのだ。と、世話をしてくれていた仲居さんが、娘の身を案じ、近所の病院へ連絡して、案内してくれた。当然ながら夕餉は中断。僕はといえば、長男とともに所在なく、部屋で娘の帰りを待った。

しばらく経《た》って戻ってきた娘は、別人のように血色のいい顔を見せた。長旅の疲れが出たのだろう、という医者の見立てで、薬をもらっただけで事なきを得た。

と、宿の食事時間は、とうに過ぎていただろうに、なんと夕餉を再開してくれたのである。調理場もずっと待機していてくれたと、後から聞いた。

旅にトラブルはつき物。こんなハプニングに心の籠《こも》った対応をしてくれる宿は、間違いなくいい宿である。おもてなしの極みとは、こういうことをいうのではないか。

日本には、きっとこういう素敵な宿が他にもあるに違いない。そう思って宿行脚を始めるきっかけともなったのが、この「四季亭」。今度は孫も連れていきたいと思っている。

02

希少な骨董《こっとう》品が歓迎する東北第一級の宿

櫻湯《さくらゆ》 山茱萸《さんしゅゆ》

山形県南陽市／赤湯温泉

みちのく山形にあって赤湯と名がつく温泉地。どんなにひなびた地かと思いきや、意外にも賑《にぎ》わいのある街中にあることに、最初は少しばかりとまどった。古く平安時代後期、奥州統一を図った源義家に同行していた弟、義綱によって発見されたのが赤湯の始まりとされる。爾来《じらい》、伊達領時代から上杉領となって、米沢藩の時代には、お殿様が入る箱湯として保護され、藩公認の遊興地として大いに栄えたと伝わる。

当時の面影が残っているようで、消え去ってしまったようでもあり、赤湯温泉は、みちのくの温泉街というイメージからは遠い。そんな赤湯にあって、まるで桃源郷のような別世界を作り、優れて美しい宿を仕立てているのが「櫻湯 山茱萸」である。

何とも難解な宿の名である。大抵の人はすんなりと読めない。たとえ読めても書けない。宿が客を選んでいる。きっと偏屈な主人だろうと思い、会ってみるとたしかに風変わりな数寄者《すきもの》であった。客室は七つ。どれもが広々としていて、すべての部屋に源泉掛け流しの露天風呂がついていて、それぞれ意匠が異なる。贅沢《ぜいたく》な造りだ。

主人を風変わりな数寄者と言ったのには、少しく訳があって、それは宿のそこかしこに希少な骨董が置かれていることにもよる。

骨董好きの主人が宿に骨董品を飾るのは珍しくないが、この宿のそれはレベルが違う。美術館にあってもおかしくないような李氏《りし》朝鮮時代の骨董品だったりすると、こんな無防備で大丈夫か、と客が案じるほどだ。

常人には入手できない美術品を間近にし、そんな空気をまといながらの湯浴み。これもまたゴクラクなのである。

義綱が見つけた湯に、戦で傷ついた家来たちを入れると、たちまちのうちに傷が治り、湯が血で赤く染まったというのが、赤湯の由来である。部屋の風呂だけでなく、大浴場を備えているのも贅沢なこと。

身体の傷だけでなく、心の傷にも効きそうな湯を満喫《まんきつ》した後は、みちのくの幸を活かした夕餉が待っている。凝り性の主人だから、料理も並のものではない。吟味《ぎんみ》し尽くしただろう器に盛られ、頃合いの間をおいて繰り出される料理は、季節の移ろいを見事に映し出し、品よく仕上げられている。

「櫻湯 山茱萸」。湯はもちろん、設《しつら》え、食、すべてにおいて、群を抜く、みちのく第一級の宿である。

03

旧岩崎家の別荘を流用した日本旅館の原点

強《ご》羅《う》環《ら》翠《かん》楼《すいろう》

神奈川県箱根町／強羅温泉

数え切れないほどの日本旅館に泊まってきて、一番日本旅館らしい宿は、と問われれば、迷わずこの宿の名を挙げる。それが箱根にある「強羅環翠楼」。

何代にも連なる歴史を持つわけでも、高い格式を誇り、初見の客を威圧するような宿でもない。ましてや仲居さんがずらりと並んで送り迎えするような、いわゆる〝おもてなし〟の宿でもない。

何もかもが控えめで、すこぶる居心地のいい宿。かつて日本旅館といえば、どこもがこんな風だったのではないだろうか。

アクセスは至便そのもの。箱根登山鉄道の強羅駅から歩いて三分と掛からず宿の玄関先に立てる。橋を渡り、駐車場を抜け、玄関を潜る。至極自然なアプローチで、何より民家を思わせる、控えめな玄関が好ましい。

靴を脱いで上がり込むと、フロントならぬ帳場があり、応接室が控えている。とかく初めての宿というのは、何かしらの緊張を強《し》いられるものだが、こういう設えをたどると、肩の力が抜けていき、ごく自然とくつろぎの態勢に入っていく。

「強羅環翠楼」の門構え。元は岩崎家の別荘だった

およそ五千二百坪の敷地に、客室はわずかに十四。本館、別館、離れと棟が分かれ、それぞれ異なった造りの趣深い部屋である。

元は旧三菱財閥岩崎家の別荘だったのを、昭和二十四年に旅館として生まれ変わらせた宿だから、当然といえば当然なのだろうが、何とも贅沢な造りである。

とりわけ本館二階の〈晴旭〉の間などは、十畳と十二畳半の二間が続いた大きな部屋で、高い天井、ふしのない上質の柱と、岩崎家の別荘だった頃を彷彿《ほうふつ》とさせ、お屋敷に招かれたかのような思いにとらわれる。

精緻《せいち》な欄間《らんま》細工に目を奪われ、庭に

目を遣ると、秋には視界いっぱいに紅葉が入り、ドラマティックな光景が広がる。庭もまた、この宿ならではの贅沢な空間。

〈華清園《かせいえん》〉と名づけられた日本庭園をそぞろ歩くと、池の周りに植えられた多くの樹木が見事に手入れされていることに気づく。

その庭園の奥に新しく作られた露天風呂が、この宿一番のおすすめゴクラク湯。二本の源泉を持つこの宿では、豊富な湯量を活かし、部屋の内湯も源泉掛け流し、かつ二箇所の内湯もあるのだが、せっかくだから少し足を延ばして、すぐ傍の源泉から湧《わ》き出る〈生の湯〉を愉しみたい。緑に囲まれた風呂は湯浴み専用という、露天風呂本来の姿を保っている。

存分に箱根の湯を堪能《たんのう》した後の夕餉もまた、奇をてらうことのない真っ直ぐな料理で、旅人をもてなしてくれる。日本旅館の原点とも言える箱根強羅の佳宿《かしゅく》である。

04

山代《やましろ》温泉発祥の湯元を引く創業八百年の老舗《しにせ》

あらや滔々庵《とうとうあん》

石川県加賀市／山代温泉

温泉旅といって、誰もが思い浮かべるのは、関東なら伊豆箱根だろうか。関西なら間違いなく加賀北陸。

福井県と石川県にまたがり、片山津《かたやまづ》、粟津《あわづ》、山代、山中。加賀四湯と呼ぶこともあるようだ。同じ北陸にありながら、その風情や眺めが異なり、それぞれにファンがついている。

中で、最も温泉地らしいところと言えば、山代温泉ということになるだろう。湯量も豊富で、源泉を囲むようにして建ち並ぶ旅館や土産物店。素朴《そぼく》な温泉街とは少し空気が異なるものの、湯の町特有の賑わいがあり、泊まりがけで愉しむに、山代は格好の温泉地である。

その山代にあって、八百年以上もの歴史を誇る宿があり、その名を「あらや滔々庵」と言う。

宿の名が示す通り、滔々と湧き出る温泉が最大の魅力の日本旅館。

山代の開湯は、古く七二五年。霊峰白山《れいほうはくさん》へ登拝しようとしていた行基上人《ぎょうきしょうにん》が紫色にたなびく雲の方向へ向かっていくと、ヤタガラスが水たまりで翼の傷をいやしているのを見て、温泉を発見したという。

この宿の源泉は、まさにこの烏湯伝説の泉で、つまりは山代温泉発祥の湯元ということになる。

宿に着いて、まず目に入るのは、玄関先で作られている〈源泉たまご〉。いわゆる温泉卵だが、源泉で作られるというのが何とも贅沢。

館内に入って気づくのはスリッパがないこと。館内すべてが畳敷、もしくは絨毯《じゅうたん》敷で、素足で歩くと気持ちがいい。

宿自慢の温泉浴場は三箇所あって、露天風呂のついた〈原泉閣〉と〈瑠璃光〉は男女入替制のようだ。

特徴的なのは、もう一箇所の〈烏湯〉。烏のような黒い空間に、ぬる湯が張られ、時折り天井から落ちてくる滴が波紋を広げるという瞑想風呂。

山代の湯は地下数十メートルから湧き出るという珍しい源泉。それが一日に十万リットルも湧き出るというのだから、まさに滔々と、だ。

その潤沢《じゅんたく》な湯は客室にも引かれ、僕が好んで泊まる〈若菜〉の間の半露天風呂にも、いつもあふれ出ている。

「あらや滔々庵」が誇る三つの温泉の中で、最も特徴的な〈烏湯〉

すぐ近くの橋立港にあがる海の幸が宿自慢の料理。とりわけ冬場の蟹《かに》料理は優れて人気がある。湯三昧、味三昧、北陸一の名湯《めいとう》。

05

下諏訪《しもすわ》宿の脇本陣を務めた由緒正しき旅館

御宿まるや

長野県下諏訪町／下諏訪温泉

世をあげての露天風呂ブーム。今や露天風呂のない温泉宿などないのでは、と思えるほどの勢いで増え続けている。大浴場の露天風呂だけでは飽き足りなくなったのか、客室に露天風呂をつけるのも、もはやブームを通り越して定着しつつある。

無論のこと、僕も露天風呂は大好きで、その開放感は、どんなに大きな内風呂であっても敵《かな》うことはない。ではあるのだが、それは露天の名にふさわしい設えがあってはじめて魅力を輝かせるもので、四方を壁に囲まれた閉鎖的な空間に、形だけの露天風呂を作ったとて、何ほどの開放感もない。それならば、内湯だけに留め、庭を美しく見せることに専念したほうが、よほどいさぎよい。

信州下諏訪温泉に小さな湯宿があるのだが、そこの風呂がまさにそんな感じで、実に気持ちのいい湯浴みができるのである。

ＪＲ中央本線の下諏訪駅から歩いて十分と少し。諏訪大社下社秋宮《しもしゃあきみや》のほど近くに建つ「御宿まるや」がそれ。どっしりした白壁が重厚感を与える古建築には、細かな竪《たて》繁障子《しげしょうじ》が映《は》える。いかにも旅籠《はたご》といった風情の宿「御宿まるや」は、代々、中山道《なかせんどう》下諏訪宿の脇本陣を務めてきたという由緒正しき旅館である。

客室はわずかに五つ。そのうちのひとつ、二階にある〈菊水の間〉が僕のおすすめの部屋。

玄関間が三畳、続く二の間が六畳、主室は八畳という広々とした造り。この部屋には、他に〈入側〉と呼ばれる畳敷きの広縁がついていて、この謂《いわ》れがおもしろい。中庭側にあるこの〈入側〉は、外敵の槍《やり》が主室まで届かないようにするための配慮なのだそうだ。いかにもかつての脇本陣、と遠い昔に心を遊ばせながら過ごすのも一興。ひと休みしたら階下の風呂へ。男女二箇所に分かれた風呂は、時に貸切風呂となることもあり、そんなときは広々とした部屋をひとり占めできる。

いつも清潔に保たれた檜《ひのき》造りの内湯は、大きな窓からよく手入れの行き届いた庭を眺められ、露天風呂をも上回る開放的な雰囲気。名湯下諏訪の湯に浸っていると、ゆるゆると身体も心も緩んでくる。

夕餉は名物のコイをメインにした料理を部屋で、朝餉《あさげ》は階下の炉端《ろばた》で信州牛のステーキを、と食の愉しみも尽きない宿。古伊万里の器を使った料理とも相まって、しばし大名気分を味わう、歴史を感じさせる贅の宿だ。

06

あさば

極上の上質感、まさに東の王様

静岡県伊豆市／修善寺《しゅぜんじ》温泉

西の「俵屋」。東の「あさば」。そう称されるほどに、この二軒の宿は突出《とっしゅつ》して優れた宿なのである。伊豆半島の真ん中あたり。修善寺に「あさば」はある。

多くが思い浮かべるのは、宿の池に浮かぶ能舞台だろうか。「あさば」が幽玄《ゆうげん》の宿と言われる所以《ゆえん》であり、「あさば」を象徴する設えであることは間違いないが、そこだけを見ていると、この宿の本質を見失ってしまうこともまた、厳然たる事実なのである。

五百年を優に越える歴史を持つ老舗宿。その風格を表す門を潜るところから〝あさば時間〟が始まる。

元は修善寺の宿坊だったところを旅館にしたという経緯は、宿のそこかしこで感じ取ることができる。唐破風《からはふ》の玄関には、大きな暖簾《のれん》がゆらゆらと風に揺れ、遠来の客を誘う。三和土《たたき》で靴を脱いで上ると、ロビーラウンジの向こうに能舞台が見える。石造りのバルコニーに出て池を眺める。

音を立てて流れ落ちる堂々たる滝があり、その横に能舞台が凛《りん》とした姿を見せる。宿の棟に沿うように池が広がり、背後からは竹林の緑が覆《おお》いかぶさる。その光景はひなびた古寺にも通じる風情があって、温泉旅館という、ともすれば歓楽にかたよりがちな空気を、薄紙で包み込むような清心さが垣間《かいま》見える。

凡百の温泉旅館と一線を画する「あさば」ならではの透徹《とうてつ》さは、風呂にも顕著《けんちょ》に表れる。ごつごつとした石や岩に囲まれ、庭池と一体になった野天風呂は朴訥《ぼくとつ》としていて、伸びやかな気分で湯浴みを愉しむことができる。

あるいは伊豆石が敷き詰められた内風呂なども、極めてシンプルな形状の湯船を擁《よう》し、温かさの中にも凛とした清潔感をかもし出している。

様々に優れた要素を持つ「あさば」だが、宿として傑出《けっしゅつ》しているのは、この清潔感と、それを補うような上質感である。

幾度となくこの宿を訪ね、その度に風呂に入るわけだが、風呂場の桶《おけ》や椅子などが乱雑に散らばっている様を見たことなど一度もない。いつもきちんと整えられ、タオル類も豊富にそろえられている。そのリネン類の上質さと言えば、他と比べることすら無駄に思えるほど。裸になって湯をまとう風呂で、このことは極めて重要だ。部屋や寝具もしかり。

吟味した食材を素直に調理した料理も一級品なのだが、紙幅が尽きた。最上級のゴクラク湯宿とはどういうものか。後はご自分の目でたしかめて頂きたい。

07

やす井

井伊家由来、格式高い近江《おうみ》の料亭旅館

滋賀県彦根市

近江は、京都、奈良の舞台裏。けだし名言と言っては、近江の方々に失礼なのかもしれない。しかし、舞台裏なくして表舞台は成し得ないのであって、そういう意味では、近江は重要な役割を担っている。名言の源、白洲正子《しらすまさこ》はそう言いたかったのかもしれない。

京都や奈良に負けず劣らず、見どころの多い近江を旅して、さて、どこに泊まればいいのか。迷う向きは少なくないとみえて、よくそんなご相談を受ける。場所や目的によって選び分けるのだが、近江らしい宿を、とリクエストされれば、迷うことなくおすすめする宿が彦根にあって、名を「やす井」という。

JR東海道本線の彦根駅から南へ。車だと三分ほどの距離。広い駐車場の奥に見える料亭然とした門が「やす井」への入口。

明治二年の創業というから、京都にも負けない立派な老舗の料亭旅館。客室は、本館、新館合わせて九部屋という小ぢんまりした宿。彦根城主井伊家の〝井〟を拝領して、宿の名を「やす井」としたと聞けば、その格式がわかろうというもの。玄関から

上がり込むと、往時の空気を感じ取れ、身が引き締まる。

廊下を突っ切って、一番奥。案内されたのは〈囲炉裏《いろり》の間〉。その名の通り、部屋に入ると、板間に切られた立派な囲炉裏が目に入る。ここ彦根は湖北。冬ともなれば雪が積もり、厳しい寒さに包まれる地だということを改めて思い出した。

よく手入れの行き届いた庭などに雪が積もれば、きっと素敵な眺めになるだろう。囲炉裏端に座り込んで熱燗《あつかん》一本。そんな時間が似合う部屋。本間が十畳、次の間が八畳、そしてツインベッドが置かれた寝室が八畳という、広々とした造り。

この部屋にも立派な檜風呂がついているが、露天風呂を備えた大浴場があるので、まずはそちらへ。大浴場にはふたつの風呂があって、男女入替制になっている。そのひとつ〈紫陽花《あじさい》〉と名づけられた風呂は、九室の宿とは思えないほど広々としていて、外には檜の露天風呂がみえる。

温泉ではないが、地下三百メートルからくみ上げられたという軟水が使われていて、肌にやさしい湯を愉しめる。

彦根の井伊家と言えば、早くから牛肉を食べていたことで知られる。そんな近江牛はもちろん、琵琶湖の湖魚、日本海の幸が並ぶ夕餉も大きな愉しみ。近江の宿で迷ったら「やす井」。きっと覚えておいてほしい。

08

宿の細部に至るまで、心配りに死角なし

紀寺《きでら》の家

奈良県奈良市

近鉄の奈良駅から南東に向かって歩く。興福寺の境内を抜け、五重塔を見上げながらしばらく進むと、やがて道筋が細くなり、古い町家がちらほらと目につき始める。奈良観光で人気のならまち界隈《かいわい》である。

そこからさらに南へ歩くと、紀寺という場所に行き着く。ここにある宿が、目指す「紀寺の家」。最近、京都でも人気の高い、町家一棟貸しというスタイルだ。

五棟ある中、案内されたのは〈角屋の町家〉。町家には、しっとりと濡れそぼる空気がよく似合う。

訪れた季節は秋。秋雨に濡れた前庭を抜けて玄関を上る。ちょうど色づいてきたツリバナが綺麗だ。品のいい庭の造りは、旅人の心をふわりと和らげる。

板間の玄関口から奥へと続く畳の間。続き間は十畳ほどもあるだろうか。奥には緑濃き庭が見える。

少しばかり気があせるのは、その見事な設えの中に早く身を置きたいからで、荷を解くのももどかしく、どかりと縁側に座り込んだ。切ないまでに美しい小庭の眺めは、

「紀寺の家」では高野槙の湯船に浸かれる

風呂場からも得られると気づき、急いで湯を張る。

改めて部屋の中を見回すと、まったくと言っていいほど、死角がないことに驚かされる。どの位置からどこを見ても美しいのである。それでいて、使い勝手もよさそうで、実際に一夜を過ごしてみて、その思いをたしかにした。

庭の見せ方、調度のセレクトと配置、水回りの造り。細部に至るまで心を砕いた宿は稀なことであって、日本一の宿「俵屋」に通じるものがある。

高《こう》野《や》槙《まき》の湯船に身体を沈め、庭に咲くヤブツバキを眺めながら、そんな思いに耽った。無論のこと温泉ではないが、日本の宿として、理想に近い形の風呂で、日本人が湯浴みをする愉しみがここに凝縮されている。

夕餉は供されないので、教わって近所の町家レストランで摂る。宵《よい》に出掛ける。夜更けて帰ってくる。泊まるというより暮らす風だ。

ベッドに潜り込み、熟睡して明けた朝を知らせるのは、天窓から射し込む、やわらかな陽の光。

近所を散策して帰ってくると、朝餉が岡持ちで運ばれてくる。なんと贅沢な時間なのだろう。つかず離れずのもてなし、とは、まさにこういうことを言うのだろう。

過不足のない朝餉は、味つけ、器遣いとも申し分なく、上質な日本旅館にも似て、すこぶる好印象を残して、宿を後にすることとなる。奈良で泊まるなら「紀寺の家」。

僕はそう決めた。

09

俵屋《たわらや》

日本一の名旅館、その理由

京都府京都市

ゴクラク湯宿といっても、必ずしも温泉でなくてもいい。そう思える端緒《たんしょ》となったのが、常々日本一の名旅館と僕が言っている「俵屋」。

洛中《らくちゅう》は麩屋町《ふやちょう》通の御池《おいけ》通を下ったところにあって、内外の賓客《ひんかく》をも数多く迎える宿は、宿好きのあいだで誰ひとり知らぬ者はいないほどに、よく知られた宿。

その高名さゆえ、尻込みする向きも少なくないようだが、実際に泊まってみると、髪の毛一本ほどの圧迫感もなく、心底くつろげる宿だとわかる。

昔ながらの男衆に迎えられ、玄関で靴を脱いで上がり込むと、そこから「俵屋」ワールドが始まる。

そこかしこに活けられた花々の凛とした姿に、まずは圧倒される。決して大仰にならず、控えめな様相でありながら、きっと選び抜かれただろう調度の数々が胸にしみ入ってくる。

廊下をたどり、いくつかの角を曲がって部屋へと通される。部屋係の接客も出過ぎることなく、しかし心を込めていることがよく伝わってくる見事なもてなしぶり。

客室の設えも申し分なく、華美な装飾などは一切排しながら、美しいものだけがそこにあり、日本旅館とはかくも清々しい空間を持つのか、とため息が出る。

よく手入れの行き届いた庭を眺めながら、ゆっくりと湯浴みを愉しめる風呂は高野槇で作られていて、既に湯が張られている。チェックインの時間に合わせてのことなのだろうが、熱くなく温《ぬる》くなく、適温に保たれていることにまずは驚く。

無論それが上質な材でできていて、さらには計算され尽くしただろう庭園の眺めとも相まって、快適さを生み出しているのだろうが、それにしてもこの気持ちよさは何なのだ。

初めて「俵屋」に泊まり、湯船に浸かったときにそう思い、爾来、幾度となく同じ経験をして、そのときの気持はまったく変わることがない。

温泉も大浴場も必要としない。ただ客室の風呂に張られた湯を身にまとうだけで、尋常《じんじょう》ならざる心地よさを得られるのだが、こればかりは泊まってみないとわからない。

部屋で出される朝夕の食事もまた「俵屋」ワールドの一環。

豪華さや希少性を競うような、これ見よがしのご馳走《ちそう》ではなく、吟味された素材を素直に調理した料理が次々と繰り出され、器も盛りつけも品のよさが際立ち、京都の名旅館にふさわしい食事を愉しめる。

「俵屋」の客室からよく手入れされた庭園を眺める

人に人格があるように、宿には宿格とも呼ぶべきものがあり、「俵屋」には高い宿格が備わっている。ちまたの格づけ本でつける星の数など、何ほども役に立たないことをこの宿が教えてくれる。

10

京都で日本旅館、その第一歩はここが正解

要庵西富家《かなめあんにしとみや》

京都府京都市

一体いつまで、この京都人気は続くのだろう。春秋の観光シーズンが訪れる度にそう思う。駅にも街にも寺や神社にも人があふれ、あちこちの店の前には行列ができる。最も混み合うのは宿。トップシーズンだけではなく、シーズンオフとも思える時期でも、近年の京都は宿不足。「京都に行きたいのだけど、宿が取れなくて」とは、よく聞く声だ。そんなときの裏ワザとして、滋賀や大阪など隣の府県のホテルをおすすめする機会も少なくないのだが、最近はそれもアヤシクなってきた。近江や大阪の人気の高まりもあって、かなり混み合うようになってきた。

泊まれないので日帰り、という方も多いようで、実に残念なことである。夜更けての京都、朝一番の京都には見るべきもの、行くべきところがたくさんあるのに。

そんなときに覚えておきたいのが日本旅館。もちろん値は張るが、それだけの価値は必ず見出だせるはずだ。

先に書いた「俵屋」は別格として、洛中には優れて泊まるべき価値のある日本旅館が何軒かある。歴史を誇る宿、茶の道に通じる宿、料理自慢の宿など。

中でゴクラク湯宿と言えば、この「要庵西富家」を筆頭に挙げなければならない。なぜなら、こうした日本旅館には珍しく地下に大浴場があり、手足を伸ばして湯浴みができるからである。

五代目にあたる当代が一念発起して、瀟洒な数寄屋《すきや》造りの宿を作り上げ、格づけガイドブックでも星を獲得するに至ったが、先代までは修学旅行生も受け入れる宿だった。その名残りとも言える大浴場は、他の京都の旅館では味わえない肌の触れ合いもあり、外国人にも人気を呼んでいる。

もちろん京都の宿らしく、緑豊かな庭を眺めながら湯浴みをできる部屋もあり、こちらは市中の山居といった趣きが深い。

多く、老舗の日本旅館が持つ排他的空気をこの宿が持たないのは、守破離《しゅはり》をキーワードにして、当代主人が伝統的な宿のあり方に固執してこなかったからだろう。

ウォークインのワインセラーを備え、斬新《ざんしん》な現代陶器にも料理を盛り、欧米からの客に照準を合わせる。京都の伝統、日本固有の文化を平易に表現することで、これまで日本旅館を遠ざけていた客をも快く受け入れる。

京都で日本旅館。その第一歩として「要庵西富家」をというのは、至極正しい選択である。

11

大和屋別荘《やまとやべっそう》

「本物」を持つ宿は、決して飾り過ぎない

愛媛県松山市／道後温泉

僕が年間二百五十日を越えて、宿に泊まるようになったきっかけとなった最初の著書『泊酒喝采』（朱鷺書房）で、第十三項〈正しい温泉旅館のあり方〉を書いた。一九九二年のことだから、今から二十年以上も前である。

いくつかの条件を挙げ、それに合致する宿の名を記し、具体的な点を指摘した。それは二十年経った今も変わることなく、今風の言葉で表すなら、僕の温泉宿に対する好みは、まったくブレがない。

風呂や料理に過不足がないこと、宿のデザインに統一性があること、ほどほどの料金であること、など、その条件は今も同じ。

何軒か名を挙げた中に、道後温泉の「大和屋別荘」があり、この宿などは典型的な〝正しい温泉旅館〟である。

四国は愛媛県、松山市にある道後温泉は、日本三古湯のひとつとされる、歴史ある温泉地で、夏目漱石の小説『坊ちゃん』の舞台としてもよく知られている。また、温泉街のシンボルとも言われ、国の重要文化財にも指定されている「道後温泉本館」も趣き深い共同浴場として名高い。

そんな知名度の高い道後温泉にあって、「大和屋別荘」は他とは一線を画す格調の高さで知られ、旅館通のあいだでも極めて人気の高い宿である。

まずもって、控えめな玄関がいい。うっかりすると通り過ぎてしまいそうな目立たぬ構えながら、その佇まいは京都の料亭をも彷彿させる堂々とした数寄屋造り。

部屋数はわずかに十九。すべての部屋に季節の花々が活けられ、俳句とともに客を迎える。

露天風呂のついた部屋もあり、全部の客室に、木の香漂う高野槇の木風呂が備わっているが、やはり大浴場へ足を運びたい。

男女とも、内湯は御影石《みかげいし》造り、外につながる露天風呂は岩風呂風の石造り。泉質はアルカリ性単純泉で、極めて肌触りのいい湯である。

夕餉は、瀬戸内の幸を生かした懐石料理。この食事もまた、宿の有り様と同じで、大仰に過ぎないのが好ましい。器も盛りつけも洗練されていて、量も頃合い。品格のある料理が胃と心に安らぎを与えてくれる。

湯、設え、料理。本物を持つ宿は、決して飾り過ぎないことを教えてくれる宿、それが「大和屋別荘」である。

12 13

宿文化の定義を変えた温泉旅館の両雄

亀の井別荘と由布院《ゆふいん》 玉の湯

大分県由布市／由布院温泉

大分は由布院温泉を代表する二軒の宿。「亀の井別荘」と「由布院 玉の湯」を分けて語ることなど僕にはできない。表裏一体とでも言おうか。どちらが表でも裏でもない。由布院のみならず、今日の温泉旅館が確固たる地位を築き、多くの旅人がこぞって湯宿に足を運ぶようになったのは、この二軒の宿が切磋琢磨《せっさたくま》して、牽引役《けんいんやく》を果たしてきたからに他ならない。

かつて由布院と言えば、どこの温泉地でもそうだったように、男性中心の歓楽街という要素が強かった。それを、誰もが安心して愉しめる温泉地に作り変え、そこを目的として旅をするような、そんな価値のある宿を生み出したのが、この二軒の宿である。もしも「亀の井別荘」や「由布院 玉の湯」がなければ、はたして今日のような宿文化と呼ぶべきものがあったかどうか。

前者の主人、中谷健太郎氏と、後者の主人、溝口薫平氏。僕はこのふたりを以前から、長嶋茂雄と王貞治にたとえてきている。日本の野球界に燦然《さんぜん》と輝くふたりに匹敵する偉業を成し遂《と》げたのが、中谷氏と溝口氏である。そのふたりが作り上げた旅

緑にあふれた「亀の井別荘」の静粛な佇まいに、灯りが気品を加える

館、「亀の井別荘」と「由布院 玉の湯」は、金鱗《きんりん》湖《こ》の近くにあって、それぞれ異なった個性を際立たせている。叶うならばぜひとも両方に泊まって頂きたい。

同じ温泉地で二軒の宿を泊まり歩くことなど滅多にないことだろうが、ここに限ってはしばしばあること。それ故、通称〈亀玉便〉と呼ばれる手荷物輸送システム、というほど大げさなものではないが、一方に泊まって翌日、もう一方の宿に荷物を運んでくれるのである。どちらが先でもいいのだが、まずは「亀の井別荘」。

由布院のシンボル的存在の宿は、広いパブリック・スペースを持ち、食事処やスーベニール・ショップには、いつも観光客があふれ、宿泊客以外にも人気が高い。それらと旅館を仕切る結界となるのが、小さな茅葺《かやぶ》きの門。ここを潜れるのは泊まり客のみ。玉砂利《たまじゃり》を踏《ふ》みしめながら宿へと向かう。

その名の通り、貴人の別荘を思わせる宿は緑に囲まれ、ひっそりと佇み、多くの客で賑わうパブリック・スペースとは対照的である。

洋間が六つと離れの和室が十五。合わせて二十一しか部屋数を持たないが、その敷地は三万平米にも及ぶといい、ゆったりとした滞在を約束してくれる。

洋間も和室もどちらも捨てがたく、選ぶのに苦労するが、少人数なら洋室がいい。部屋にも温泉がついているが、この宿に泊まったならぜひとも大浴場に足を運びたい。

本館からは緑の中に作られたアプローチをたどって、別棟の大浴場へ。木々のあいだをぬうようにして歩くのも愉しい。たどり着いた大浴場は、実に開放的な空間で、野趣《やしゅ》あふれる岩風呂の内湯と、瀟洒な露天風呂を備えている。内風呂の真ん中には太い柱が組まれ、それを囲むようにして湯船が広がる。ガラスが多用されているせいもあって、いつも光があふれ、晴れやかな気分で湯浴みが愉しめる。

一方で露天風呂のほうは、さほど広くはないものの、由布岳を望む眺めが素晴らしく、こちらも伸びやかな気分で、ゆったりと湯を満喫できる。

「由布院 玉の湯」の露天風呂。木の香が芳しい

本館の洋室に泊まった場合、食事は朝夕ともレストランで摂ることになるが、この宿の食事には定評があり、湯と同じく上質の料理を味わえる。

「由布院 玉の湯」は、少し金鱗湖から離れた川沿いに建っている。「亀の井別荘」からは四百メートルほど離れているだろうか。あるがままの姿に手入れされた雑木林の中を抜けて宿へ向かう。このアプローチが「由布院 玉の湯」の真骨頂《しんこっちょう》といってもいい。

建物も含め、中庭や外庭など、この宿のすべてに貫かれているのは、由布院の自然を極力そのまま見せるという姿勢。計算され尽くした日本庭園とは異なり、木々が育つまま、草が茂るままにして、かつ美しく見せる。それが玉の湯流。

十七ある客室にも同じ空気が流れていて、瀟洒な畳の間があり、フローリングの洋間には北欧の白木のベッドが置かれ、木造りの風呂には掛け流しの温泉が滔々と湧き出ている。

まずは、この客室の風呂を愉しむ。木の香も芳しい湯船に身を沈め、窓を見ると、竹垣に囲まれた坪庭で、木の葉が揺れている。木漏《こも》れ日《び》が湯に届き、きらきらと輝く。この風呂だけでも充分なのだが、大浴場にも足を運びたい。

「亀の井別荘」と同じような石を使いながら、まったく雰囲気が違って見えるのは、こちらは〝四角〟を基調としてデザインされているからかもしれない。

湯船の中と洗い場は同じ石造りで、それを隔てているのが四角い木枠。屋外の露天風呂もそれは同じであって、あえて内外の区別をつけないことで、両者のあいだの垣根を低くする効果を生み出しているように思う。

「亀の井別荘」が男ぶりなら、「由布院 玉の湯」はやさしい女性らしさ。それは飲み物にたとえれば、苦み走った珈琲と、あくまでナチュラルなハーブティー。食にも相通じるものがあり、だからこそ、由布院に行けば、両方の宿に泊まって、その個性を愉しみたい。日本の宿を変えた二軒の宿は、ゴクラク湯宿の両横綱である。

第2章

貸切、露天、大浴場。湯三昧を愉しめる宿

14

伊香保《いかほ》の中でもおすすめの瀟洒な小宿

塚越屋七兵衛《つかごしやしちべえ》 別館 香雲館《こううんかん》

群馬県渋川市／伊香保温泉

名湯伊香保温泉の名はつとに名高い。同じ群馬にある草津温泉の象徴が、もうもうと湯けむりを上げる湯畑なら、伊香保は情緒あふれる石段が続く温泉街だろうか。

伊香保の湯の歴史は古く、他にも説はあるが、名僧行基が見つけたと言われている。伊香保という、ちょっと変わった地名は、これも定かではないが、アイヌ語のイカホップ、訳せば、たぎる湯から来ているようだ。

かくなるごとく、由来が定かでなく諸説紛々《しょせつふんぷん》ということは、それだけ歴史が長い証左でもあって、伊香保温泉が古い伝統を受け継ぐ名湯であることは論をまたない。

そんな古い歴史を持つ伊香保温泉は、あらゆる施設を備えた大型温泉旅館から、家族経営の小さな宿まで、その規模も価格帯も様々で、多くの選択肢があるのも嬉しい温泉地。その中で、文久年間創業という歴史を誇り、四十六の客室を擁する中型旅館「塚越屋七兵衛」という宿があり、別館にあたる「香雲館」の世評が近年高まっている。

東京からだと直通の高速バスも出ているが、伊香保へのアクセスは通常、新幹線の高崎駅を経て、上越線《じょうえつ》、吾妻線《あがつま》の渋川駅が最寄り駅となる。路線バスに二十分も揺られれば伊香保の温泉街に着く。

宿は石段街の手前にあるのだが、「香雲館」へのアプローチもまた石段である。

客室は全部で十。〈御簾〉や〈漆〉など意匠《いしょう》に合わせた名をつけた部屋や、イメージに沿う〈金閣〉や〈銀閣〉の間があり、どの部屋にも書院がつき、檜の内風呂と露天風呂を備えている。

部屋での湯浴みも捨てがたいが、天然温泉の大浴場が館内にあるので、まずはそちらへと出向く。

伊香保にはふたつの湯があって、ひとつは〈黄金の湯〉と呼ばれる茶褐《かっしょく》色の温泉、もうひとつは近年になって湧出《ゆうしゅつ》したという〈白銀の湯〉。こちらは無色透明の綺麗な温泉だが、伊香保温泉ファンにとっては、やはり〈黄金の湯〉が馴染み深い。

この宿の大浴場に引かれているのは、その〈黄金の湯〉。正式名称を伊香保温泉本線・総合湯。なめらかな肌触りが心地いい湯で、じわじわと身体を温めてくれる。

上州牛をはじめとして、地の物をメインにしながらも、こだわり過ぎることなく、全国各地から旬の食材を集めて料理する食事も好ましい。

歴史ある名湯を瀟洒な小宿で愉しむ。「香雲館」は、そんなゴクラク湯である。

15

つつじ亭

心行くまで、草津の名湯をひとり占め

群馬県草津町／草津温泉

元々、僕は温泉の質に、さほどのこだわりがない。源泉掛け流しであれば、それに越したことはないが、かと言って、循環《じゅんかん》式や加温した湯を端《はな》から避けたりはしない。どんな湯をも、分け隔てなく愛するという、温泉博愛派である。その僕ですら、草津の湯は別格であるなと感じている。

その湯を愉しむに、これ以上は望めないと思えるほど秀でた宿があるのだから、草津温泉へ足を運ばない理由などひとつもない。

草津の名湯を心行くまで堪能できるのは、草津温泉の中心地、湯畑から少しく離れた川沿いに建つ、小さな宿「つつじ亭」である。

ゆったりとした敷地に、本館と離れの二棟が並び、客室はわずかに九部屋。温泉街の喧騒とは無縁の宿。夏の盛りに訪ねた。

宿の名の通り、つつじの植栽《しょくさい》に囲まれた玄関を潜り、靴を脱いで上がり込む。小ぢんまりとしたロビーで一息ついたら、早速部屋へ。

大人数なら離れ、小人数なら本館がおすすめ。僕はいつも本館なのだが、それには

「つつじ亭」の露天風呂。深い緑を眼前に湯浴み

ひとつ理由があって、草津の名湯をひとり占めできるからである。

本館の客室には、ひとり用の小さな湯船があり、そこにも滔々と湯があふれているが、僕のお目当ては貸切風呂の〈玉の湯〉。申込み制で、一時間を限度として、無料で借り切ることができ、これは本館に泊まった客だけの特典なのだ。

普段、烏の行水派《ぎょうずい》である僕には、一時間も要らない。三十分もあれば充分。脱衣室も、洗い場も、無論、湯船も広々としていて、深い緑を眺めながら、〈湯畑の湯〉を思う存分愉しむことができる。

酸性度がどうとか、成分がこうだと

かは、聞いた後からすぐに忘れてしまうのだが、ぬるりとした肌触り、いかにも効きそうな硫黄《いおう》の香りは、いつまでも記憶に残る。

名湯を堪能した後は、名料理が待っている。京風でもなく、郷土料理でもない。強いて言うなら「つつじ亭風」。

熟達の料理人が吟味した食材を、軽やかに調理する。ひと皿、ひと鉢、滋味《じみ》深い料理が続く。決して奇をてらわず、しかし工夫を重ねただろう料理は、大袈裟《おおげさ》に主張することなく、名湯と同じく、心にじわじわとしみ入り、くっきりとした味わいと姿が、長く強く心に残る。

夕餉の余韻《よいん》を愉しむのに格好のスペースが談話室。山小屋然とした木造りの部屋で食後酒を味わう。夜更けて、瀟洒な隠れ宿ならではの静かな時間。

明けて翌朝。朝食前に、大浴場〈うららの湯〉へと足を運ぶ。〈玉の湯〉とは泉質の異なる湯があふれていて、ここもまた豊かな緑に囲まれ、開放感に満ちている。

日本旅館ならではの朝食を味わった後、最後に部屋で、もうひと風呂。湯もみした後、小さな湯船に浸かれば、ざあざあと湯があふれる。まさに名湯三昧の逸宿である。

16

奈良時代より続く古湯を贅沢に独占

旅館すぎもと

長野県松本市／美ヶ原《うつくしがはら》温泉

美ヶ原温泉は、信州松本から市街地を抜けて、少し高台に上ったところにある里の湯。緑あふれる美ヶ原高原とよく間違われるが、温泉の方は人里のぬくもりを感じさせるひなびた温泉地である。

比較的小さな宿が建ち並ぶ温泉街にあって、木造三階建ての古民家風佇まいが、ひときわ目を引く宿が「旅館すぎもと」。古くからある宿だが、近年は信州随一の美食宿として、食通たちの人気を集めている。

控えめな玄関を潜り、館内に上がり込み、まず案内されるのが民芸調のロビー。主人のこだわりだろうか。

マニアックなオーディオシステムからは、静かにジャズの調べが流れ、ここで主人自らいれる煎茶《せんちゃ》がウェルカムドリンクになるという按配《あんばい》。

この宿に湧き出るのは、遠く奈良時代からあがめられてきたという〈束間の湯〉。さほど広くはない、この宿の中庭に滾々《こんこん》と湧き出ているという。

古民家風の和室がメインだが、松本民芸家具を配した洋室もあり、客室のバリエーションは豊富。好みや目的に応じて選び分ければいい。

部屋でひと息吐いたら、早速風呂へ。風呂は中庭の別棟に設えられている。大浴場は男女別になっていて、それぞれ露天風呂が付属している。場所柄、夏場は涼風が吹き、冬ともなれば雪見風呂が愉しめる。

横には小さな貸切風呂もあって、ひとり、ふたりならここがおすすめ。内側から鍵《かぎ》さえ掛ければ、歴史ある温泉を無料でひとり占めできる。

もうひとつ。この宿には貸切の露天風呂があって、それは道路を挟んで向かい側、食事処の庭に作られている。

〈さざれの湯〉と名づけられた石風呂は、竹垣に囲まれた広く浅い湯。いわゆる寝湯だ。三十分で二千円。広々とした源泉風呂を独占できるのだから、決して高くはない。泉質はアルカリ性単純泉。やわらかな湯は肌触りもやさしい。

長風呂を愉しめる湯をじっくり堪能した後は、待ちかねた夕食。本館に泊まったなら、地下道を通って別棟の食事処へという、ちょっとした探検気分の味わえるアプローチ。

〈東間野会席〉と名づけられたコース料理。馬刺しや山菜、季節に応じて、信州の山里らしい素朴な料理が順に出される。とかく単調になりがちな山里料理だが、主人自

「旅館すぎもと」の石風呂。寝湯になっている

ら包丁をにぎるだけあって、アレンジの豊かさ、品数の多さは他の宿を圧する。

中でも、主人が毎日手打ちする蕎麦《そば》は絶品。蕎麦通をもうならせる蕎麦は数量限定なので、あらかじめ頼んでおきたい。湯と蕎麦。この取り合わせも信州ならではのこと。

17

茶六別館《ちゃろくべっかん》

旅の疲れを心からいやす丹後《たんご》の〈ピント湯〉

京都府宮津《みやづ》市／宮津温泉

丹後宮津に、古きよき佇まいを今に残す宿「茶六別館」がある。宮津湾に抱かれ、昔街の海辺にひっそりと佇んでいる。

まずは大仰に過ぎない玄関口がいい。

うっかりすると通り過ぎてしまいそうに控えめな表構えで、それは玄関を潜って板間に上がり込んでも続く。華美な装飾などは一切なく、磨き込まれた廊下や、よく手入れの行き届いた庭の佇まいが、遠来の客をやさしく迎え入れる。

庭園に囲まれ、中庭を包み込むようにして建つ宿は木造二階建てで、十一の客室はすべてが異なる設え。数寄屋造りを基本としながら、書院、茶室と変化があって愉しい。部屋へとたどる道筋にある渡り廊下などは、べんがら石も使われ、何とも艶《つや》っぽい造り。案内されたのは〈井筒〉の間。遠くに天橋立《あまのはしだて》を望む、海側の二階部屋だ。

壁一面にはめ込まれた屏風絵が印象的である。框《かまち》、敷居、床板に桜が使われ、落懸《おとしが》けは百日紅《さるすべり》、欄間は透《す》かし彫《ぼ》りの一枚板。普請《ふしん》好きには堪えられない意匠。

見事な設えと、穏やかな海の眺めに幾度もため息を吐き、ひと休みした後は、階下の大浴場へ。あまり知られていないが、宮津には良質の温泉が湧き出ていて、無論のこと、この宿の大浴場にも温泉が引かれている。

風呂は二箇所。〈太郎の湯〉と〈小町の湯〉は時間によって男女が入れ替わるから、一泊すれば両方の湯を愉しめる。

どちらにも露天風呂が備わっているが、青石を使った岩風呂風の〈小町の湯〉は格別の心地よさで、旅の疲れを芯からいやしてくれる。

この温泉には面白い名前がついていて、それは〈ピント湯〉。

――二度と行こまい　丹後の宮津　縞の財布が空となる　丹後の宮津で　ピンと出した――

北前船の恩恵を受けて、大いに賑わった往時の宮津を彷彿とさせる。民謡宮津節の一節から名づけられた。〈ピン〉には最高、元気、お金などの意が含まれていると言われる。いずれにしても有難いことだ。

硫黄を含んだ塩化物泉。薄すらと褐色に染まる湯は、幾分温めなので、ゆっくりと浸かることができ、ほかほかと身体が温もり、冬でも湯ざめしないのが嬉しい。宮津湾は美味の宝庫。一年を通して旨い海の幸が食膳《しょくぜん》に上る「茶六別館」。湯上がりの愉しみにもおこたりない。

18

朝夕分けて有馬の源泉風呂を借り切れる

花《は》小《こ》宿《やど》

兵庫県神戸市／有馬温泉

古きよき温泉街の愉しみ。それを色濃く今に残すのは、日本三古湯のひとつ有馬温泉。カラコロと下駄を鳴らし、狭い坂道をそぞろ歩くのは実に愉しい。

有馬温泉のシンボル的存在、温泉寺《おんせんじ》の参道沿いにあって、木造二階建て。黒塀に囲まれた、瀟洒な宿がひっそりと佇んでいる。その名を「花小宿」と言い、有馬で名を馳《は》せる「御所坊《ごしょぼう》」グループの宿である。

古風な造りとは対照的に、部屋の設えはモダンで、宿泊スタイルも、先進を行く泊食分離型。三和土で靴を脱ぎ、磨き込まれた廊下を、素足で歩くのも心地いい。音を立てて階段を上がり、まずは今宵の客室へ。

天井の高い和室にベッドが置かれ、ステンドグラスから漏《も》れる光を受けて、きっと安眠は約束される。そのことをたしかめたら、早速温泉へ。温泉街にある共同浴場〈金の湯〉、〈銀の湯〉。湯量豊富な有馬ならではの外湯もいいが、いつも相当な混雑を見せ、のんびり入るには時間を外さねばならない。

外湯感覚で入れる系列宿「御所坊」の〈金郷泉〉が愉しい。「花小宿」に泊まれば、この風呂も無料で愉しめるのがありがたい。

入口は男女別だが、湯船の奥に進めば、仕切りひとつ隔《へだ》ての混浴スタイル。奥山の秘湯ならともかく、都会に近い神戸市北区に、混浴風呂が健在というのも嬉しい限り。湯に浸かってしまえば裸を見られることもない。褐色に濁《にご》る湯ゆえの効用。かつては日本の温泉地あちこちに見られた、大らかな風習が懐かしくも新しい。

「花小宿」の湯は二箇所の貸切風呂。チェックイン後の午後三時から翌朝の十時まで、空いていればいつでも入れて、施錠《せじょう》するだけで有馬の源泉湯をひとり占めできる。

ひとつは五右衛門《ごえもん》風呂。もうひとつは人魚のタイル絵が印象的な、レトロな風呂。朝夕にでも分けて、両方入ってみたい。

泊食分離型の宿だから、日暮れての夕食は温泉街の居酒屋で摂るのもいいが、宿に併設された割烹《かっぽう》スタイルの食事処〈旬重〉で、竈から立ち上る湯気を見ながら、〈山家料理〉をのんびりと味わうのがおすすめ。カウンター席がメインなので、ひとり旅にも格好の店。

牛肉好き垂涎《すいぜん》の神戸ビーフや但馬《たじま》牛に舌鼓《したつづみ》を打つもよし、明石の港から直送される瀬戸内の幸に目を細めるのもいい。何箇所もある湯を巡り、いくつもの選択肢から食を選び分ける。気ままにゴクラク湯を愉しめる宿、それが有馬の「花小宿」である。

19

立ったまま胸まで浸かれる〈源泉長寿の湯〉へ

岩井屋

鳥取県岩美町／岩井温泉

山陰は鳥取県の東端に、通称〈ゆかむり温泉〉というひなびた湯の里がある。

貞観《じょうがん》元年の開湯というから、千百年を越える歴史を持つ温泉。頭に手拭いを載せ、柄杓《ひしゃく》ですくった湯を掛けることから、湯をかむる温泉、ゆかむり温泉と名づけられた。正式には〈岩井温泉〉といい、平安八古湯のひとつに数えられる。

文豪、島崎藤村もこの地を訪れ、

——私はまた宿の主人に所望して、土地での湯かむり歌といふものを聴かせてもらつた。いつの頃からのならはしか、土地の人達は柄杓ですくふ湯を頭に浴びながら歌ふ。うたの拍子は湯をうつ柄杓の音から起る。きぬたでも聴くやうで、野趣があつた。この湯かむり歌もたしかに馳走の一つであつた——

『山陰土産』にそう記している。ひなびた湯宿の様子が目に浮かぶようだが、今も往時と、さほど変わっておらず、のんびりとした空気が漂う温泉地だ。

ＪＲ山陰本線の岩美駅が最寄り駅。駅からはバスで十分も乗れば岩井温泉に着く。目指す宿の名は「岩井屋」。百年を越える歴史を持つ老舗旅館。

昔ながらの木造三階建て。清楚《せいそ》な造りの宿に誰もがほっこりと息を吐く。季節の野花と、山陰らしい素朴な民芸風の調度に迎えられ、部屋へと案内される。

畳敷きの廊下を歩いて着いた客室は、落ち着いた和室で、花の名がつけられている。至極自然な宿の流れに身を任せると、我が家同然の安らぎを得られるのが、この「岩井屋」の最大の特徴。

部屋で一服した後は、お目当ての風呂へと向かう。湯船に張られた湯はもちろん、シャワーの湯まですべてが掛け流し。まずは、最もよく知られる宿名物〈源泉長寿の湯〉へ。

初めてこの風呂に入ると、誰もが驚きの歓声を上げるのは、とてつもなく深い湯だからである。おそるおそる湯に入ると、立ったままで胸まで湯に浸かる。ここまで深い風呂は珍しい。湯船の底に敷かれた松板の真下から温泉が湧いているという。

この風呂に入るためだけに訪れてもいいほど希少な湯だが、他にも源泉を引いた〈背戸の湯〉と名づけられた露天風呂もあり、温泉好き垂涎の湯宿である。

場所柄、海と山の両方の恵みが味わえ、料理もまた、肩の力が抜けた質実な皿が食膳に並ぶ。湯も料理も自然体の温泉旅館。「岩井屋」は心底くつろげる鄙《ひな》のゴクラク湯宿である。

20

奥《おく》津《つ》荘《そう》

鍵を掛けてひとり占めしたくなる殿様の湯宿

岡山県鏡野町／奥津温泉

――不思議と深い秋津の気配へひたれば、もろもろの悩みも哀しみも、人間の清浄な祈りとなって閑寂な四辺へ霧消してくれたものであった――

藤原審爾《しんじ》の小説『秋津温泉』の一節は、奥津温泉を舞台にして書かれたもの。この小説は吉田喜重《よししげ》によって映画化され、奥津の名を一層高めることとなった。

奥津の湯の歴史は古く、神話時代にまでさかのぼることになる。

時代は下り、戦国時代になると傷ついた武将たちが、奥津の湯に入り、その傷をいやしたと伝わっている。

美作《みまさか》三湯のひとつに数えられる奥津温泉は、大正時代に入ってから温泉街が作られ、優れた美肌効果を持つ、美人の湯としても人気を呼んでいる。

そんな歴史を持つ奥津温泉には十軒足らずの宿が軒を並べるが、江戸時代、津山藩が藩主や家臣のために専用の風呂場を作り、一般の入浴を禁じるために鍵を掛けたという〈鍵湯〉を持つ「奥津荘」の人気がひときわ高い。

部屋数はわずかに八つ。団体客と小学生以下の小児はお断り、という毅然とした姿勢が好ましい宿。

ＪＲ津山駅が最寄り駅となる。そこからバスで一時間。隠れ湯の風情が漂う宿の玄関に建つ。唐破風の屋根が印象的だ。

渓流沿いの離れ〈聴泉亭〉が今宵の部屋。源泉掛け流しの露天風呂がついているが、まずは名湯のほまれ高い〈鍵湯〉へ。

設備は新しくなったものの、湯は昔のまま。旅館が建つ前は吉井川の川底だったといい、今も川底とは一枚岩でつながっているのだそうだ。ゴツゴツした湯船の底から湧き出る湯は、まさに本物の温泉。

自噴《じふん》する源泉の温度は約四十二度。加水も加熱も必要とせず、ちょうどいい按配の湯になるのもありがたい。鍵を掛けてひとり占めしたくなる、お殿様の気持ちも少しはわかるような気がする。

お湯の深さが百二十センチもあり、立ったまま入浴する〈立湯〉も珍しく、〈泉の湯〉〈川の湯〉と、それぞれ名づけられた貸切風呂もあって、名湯を堪能できる。

棟方志功《むなかたしこう》をはじめ、多くの文人墨客《ぶんじんぼっかく》に愛された宿は、食事にも定評があって、四季折々、心のこもった料理が食事処で供される。鄙の名湯と山里料理。「奥津荘」は心底安らげる宿である。

21

湯之助の宿 長楽園《ちょうらくえん》

日本一の露天風呂を、ゆっくり心行くまで

島根県松江市／玉造《たまつくり》温泉

日本神話の女神、イザナミの尊厳への敬意を表す言葉を語源とする出雲国《いずものくに》。一地方に留まらず、日本人にとっては心の故郷ともなっている。

十月のことを神無月と呼び、神がいなくなる月というのは、八百万《やおよろず》の神々が出雲に集結し、神儀《かみはか》りをおこなうからと伝わる。そんな神々《こうごう》しい地には、それにふさわしい温泉地があり、多くの善男善女が神の湯を求めて集う。その代表とも言えるのが玉造温泉。宍道湖《しんじこ》のすぐ南に位置する古湯である。

天平《てんぴょう》五（七三三）年に著わされた出雲風土記に、――ひとたび濯げば形容端正しく、再び浴すれば万の病ことごとに除こる――と書かれている。〈神の湯〉と呼ばれる所以。川辺に湧き出るお湯に多くが集い、絶えることなく賑わっていたとも書かれていたという。その玉造温泉の名は、京の都にまでとどろき、平安貴族たちのあいだでも評判になっていたと、清少納言が『枕草子《まくらのそうし》』に記しているという、まさに名湯中の名湯。

そんな玉造温泉で、日本一の露天風呂を持つ宿があり、その名を「長楽園」という。

ＪＲ山陰本線の玉造温泉駅が最寄りの駅。駅からは車で、ものの五分と掛からず着ける。アプローチの入口には〈日本一 庭園露天風呂 湯之助の宿〉と記されている。〈湯之助〉とは、松江藩に任じられた、いわば温泉管理人。玉造温泉の一切合切を仕切る権力者としてあがめられた存在。その末裔《まつえい》が営む宿なのだから、正しい由緒は折り紙つき。

ただ湯を愉しむ宿として、余計な施設を作らず、泊まり心地のよさに徹《てっ》する姿勢が好ましい。その広さが一万坪にも及ぶという、見事な回遊式庭園を望む客室は、離れ形式の特別室から一般客室まで、さまざまなタイプが用意されている。

何をおいてもまずは、宿の名物でもある〈庭園露天風呂〉へ。〈龍宮の湯〉と名づけられた巨大な露天風呂は、広さ百二十坪。想像をはるかに超える広さの露天風呂は、まるで池のように水面が広がり、あちこちから湯気が上る。これが源泉掛け流しだというから、誰もが驚きの声を上げる。昔ながらの混浴風呂というスタイルも、これほどの広さだから可能なわけで、人の目を気にすることなく、ゆっくりと日本一の露天風呂を愉しめる。

露天風呂のついた客室もある。男女別の大浴場から女性専用浴場、貸切風呂まであり、湯之助が守り続ける湯をとことん堪能できる。けだし「長楽園」は、出雲国の名湯である。

22

十一種の湯を愉しめる、きめの細かい大型旅館

大谷山荘《おおたにさんそう》

山口県長門《ながと》市／湯本温泉

温泉宿を選ぶとき、最も重きを置くのは規模。大型と小型とを分ければ、小さな宿を選ぶことが圧倒的に多い。小さな宿だと主の顔が見えるのと、その宿の目指すところがわかりやすいからである。

小さな宿が、ある程度客を選ぶのに対し、大型旅館はどんな客をも受け入れる傾向があって、時に不釣り合いな客と出会い、気分を害する機会があったりする。

ひとつの目安として、百室を超える温泉旅館は最初から除外する。というのが僕の宿選びの基本だったはずが、その例外となった宿が長州《ちょうしゅう》長門にある。

最寄り駅はJR美祢《みね》線の長門湯本駅。山陽新幹線の厚狭《あさ》駅から、小一時間ローカル線に揺られないとたどり着けない。アクセス至便とは言えない地に、こつぜんと姿を現す大型旅館、それが「大谷山荘」である。

川沿いに建つ宿は、まずその大きさに圧倒される。右から左まで、ずーっと「大谷山荘」。横に長い宿は、まるで大型客船のようで、屋上には天体ドームまで顔を覗《のぞ》かせている。

川沿いに建った「大谷山荘」の外観。そのスケールに圧倒される

玄関の横には屋外プールがあり、館内に一歩足を踏み入れれば、吹き抜けになったロビーラウンジに圧倒される。お土産コーナーはもちろん、ブティック、萩焼《はぎやき》コーナー、カラオケスタジオ、ナイトラウンジ、コンベンションホールなど、客を愉しませる施設は豊富にそろっている。

カップルから家族連れ、シニアグループまで、あらゆるニーズに応えられる宿はしかし、概して大味になりがちなのだが、この宿はハードもソフトも実にきめ細やかなのである。

そのことは実際に泊まってたしかめて頂くとして、まずは風呂。大浴場は一階と二階に分かれ、男女入替制なので、一泊すれば両方愉しめる。

まずは一階の〈せせらぎの湯〉。屋根つきの檜露天と御影石の岩風呂、ふたつの露天風呂を備えている。すぐ傍を流れる音信川《おとずれがわ》のせせらぎを耳に、豊かな緑を目にして湯に浸かる贅沢は何ものにも代えがたい。

二階の〈こもれびの湯〉は、眼前に迫る緑、眼下を流れる音信川を眺める半露天風呂。こちらも広々とした風呂で、寝湯やハーブバスを併設している。

一階と二階、ふたつの風呂で十一通りの湯が愉しめるというから、風呂好きには堪えられない。

それは、この規模の宿だから可能なのである。小さな宿好きの僕が、ここをおすすめする所以である。

旬の食材を使った和食は無論のこと、鉄板焼き、フレンチまで食べられるのも大型施設ならでは。湯のみならず、愉しみの尽きない宿である。

23

ここにしかない、五段に及ぶ露天風呂〈棚湯〉

杉《すぎ》乃《の》井《い》ホテル

大分県別府《べっぷ》市／別府温泉

僕が小学校に入ってしばらく経った頃だから、今から五十年以上も前のこと。家族そろって一軒の温泉旅館に夢中になり、幾度となく通い詰めた宿がある。

大分県は別府温泉にある「杉乃井ホテル」がそれ。

東の熱海《あたみ》、西の別府。歓楽的要素の強い巨大温泉地で、温泉とはかくも愉しいものか、と子供心に焼きつけた最初の旅館「杉乃井ホテル」は、その中心地にあった。大きな宿だが、当時は離れがあったように記憶する。馴染みになった仲居さんがあれこれと面倒を見てくれ、宿を後にするときは、いつも後ろ髪を引かれる思いだった。

そんなノスタルジーがあろうがなかろうが、今も「杉乃井ホテル」の愉しみは色あせていない。どころか、さらに別の次元での輝きを増しているようにも見える。

〈本館〉〈中館〉〈HANA館〉の三つの棟に分かれた客室は、はたしてどれほどの数があるのだろうか。三基のエレベーターには、いつも多くの笑顔が並んでいる。〈中館〉の二階にある〈シーダテラス〉のツインルームがおすすめ。海に面したテラスがついていて、部屋風呂は温泉ではないが、どのみち大浴場に入るのだから、これで充分。

さて、風呂である。風呂は別棟の〈スギノイパレス〉。当時の湯とはまったく様変わりしていて、最大の特色は棚田状に設えられたスケールの大きい〈棚湯〉。広々とした湯船が五層構造になっていて、まさしくそれは棚田。ちょうど田んぼに水が入った頃の、最も美しい情景が温泉で再現される。こんな風呂を作ってしまうのは、日本広しといえども、ここ「杉乃井ホテル」だけだろう。

最上部の一段目はガラスで仕切られた内湯、二段目は半露天で、雨が降っても愉しめるように作られている。〈棚湯〉の醍醐味を味わえるのが三段目の露天風呂。別府の街越しに別府湾を望む雄大な景色を眺めながら、ゆったりと湯浴みができる。条件がよければ、遠く佐田《さだ》岬まで望める実に見晴らしのいい風呂だ。

四段目は足湯、五段目は寝湯が愉しめ、趣向の異なる湯浴みを存分に味わえる。

湯上がりの食は、圧倒的なスケールであらゆる客の舌を喜ばせるバイキングレストランをはじめ、イタリアン、和食、居酒屋風の気楽な食事処と、豊富にそろっている。湯も食も大らかなスタイルで客のくつろぎを最優先する姿勢は、昔と変わらない。

基本的に僕は、規模の小さい、落ち着いた宿を選んで泊まっているのだが、たまにこの「杉乃井ホテル」などに泊まると、理屈抜きに愉しめる大型旅館もいいものだなと思う。もっともそれは、郷愁《きょうしゅう》というスパイスが利いているせいかもしれないのだが。

24

石山離宮《いしやまりきゅう》　五足のくつ

一泊では足りない。部屋を替えて連泊したい

熊本県天草市／下田温泉

宿フリークにはつとに知られた名だが、普通にはそれが宿の名だとは到底思えないだろう。「石山離宮 五足のくつ」は、熊本県天草にある宿で、旅館ともホテルともつかないスタイルだが、多くの旅好きたちは、憧《あこが》れを持ってその名を挙げる。

天草、「五足のくつ」と聞いて、紀行文が頭に浮かんだなら、かなりの文学通だろう。明治時代、与謝野鉄幹《よさのてっかん》や北原白秋《はくしゅう》、吉井勇《いさむ》ら五人の作家が、東京から九州へと旅をして、その旅の記録を綴った旅行記を『五足の靴』と題して新聞に発表した。この宿の名はそれに由来している。

その当時も遠かっただろうが、天草は今も遠い。地続きなら熊本から二時間。船なら長崎の茂木港から天草の富岡港へ。そこからの車を合わせると小一時間は掛かる。熊本や長崎までの道程を足すと、かなりの行程になる。

最も早道なのは、福岡や熊本から天草エアラインで飛ぶ法。どちらもフライトは半時間前後だが、天草空港から四十分ほども車に揺られないと宿にたどり着けない。

そんなアクセスだから、一泊ではもったいない。二泊三泊と重ねられることを強く

おすすめしたい。宿の内も外も見どころが多く、愉しみは尽きない宿なのだから。

下田温泉にある「五足のくつ」は、海沿いの小高い丘の上に建っている。ヴィラA、B、Cと三つの客室棟に分かれ、合わせると十五部屋。部屋の造りや眺めがそれぞれ異なる。

すべての部屋に露天風呂がついていて、宿に大浴場はない。風呂好きの客にとっては、どんな風呂がついているのかが、部屋選びのポイントとなる。

僕の好みは、この宿で一番高い所にあるC―1。東シナ海に沈む夕陽を眺めながら、大きな露天風呂で湯をまとうことができ、その横に設えられたガーデンシャワーも開放感にあふれ、実に気持ちがいい。

他の日本旅館に比べて、圧倒的に異なるのはこの宿のスケール感。八十平米を超える部屋の広さもだが、大人三人くらいはゆったり入れる大きな露天風呂が嬉しい。しかも源泉掛け流し。

ヴィラCは敷地内に湧き出る自家源泉、A、Bは下田温泉と、ふたつの温泉を愉しみ分けることができるので、部屋を替えて連泊するのもいい。

日暮れての夕食は、別棟のレストランで摂る。この食事処も宿泊棟によって場所が異なり、個室仕様となっている。ヴィラC専用の〈天正〉は海の見える部屋で食事ができ、朝食はオープンエアのテラスで摂れる。

周りを海に囲まれた天草だから、魚介の旨さは言うに及ばず、天草黒牛や天草大王と呼ばれるブランド鶏も用意され、美食にも事欠かない。異国情緒を湛える天草には見どころもたくさんある。

繰り返しになるが、一泊だけではもったいない。それが「五足のくつ」という宿なのである。

「五足のくつ」の部屋つき露天風呂からは、緑越しにまぶしい海が望める

25

プールのような巨大浴場を抱える温泉天国

霧島《きりしま》ホテル

鹿児島県霧島市／霧島温泉

温泉旅館に行って、今でこそ、部屋つきの露天風呂や貸切風呂など、小ぢんまりした風呂を愉しむことが少なくないが、僕が子供の頃などは、どれくらい大きな大浴場があるかで、その宿を選んでいた。無論それを決めていたのは僕ではなく、両親だったのだが。

先の「杉乃井ホテル」と同じ頃に、何度も通ったのがこの「霧島ホテル」。南国鹿児島の山深くにある硫黄谷温泉の宿である。巨大とも言えるとてつもない大浴場に、大喜びしない子供などいない。風呂の中を走り回っては、いつも叱《しか》られてばかりいたことを思い出す。

当時はマイカー移動だったので、別府からはかなりの距離があると思うのだが、運転好きの父は、その距離をものともせずに、幾度も行き来した。

霧島といって思い浮かべるのは、かの坂本龍馬。

京都の伏見は寺田屋《てらだや》で襲撃され、傷を負った龍馬はおりょうを連れて、この地を旅する。高千穂《たかちほ》の山に登り、霧島神宮を参拝し、霧島の湯で湯治《とうじ》し傷をいやしたのが、新婚旅行の始まりとされる記念すべき旅。その舞台なのである。

そんな由緒を持つ地にある「霧島ホテル」の客室は、三つの館に分かれ、最もクオリティの高い〈高千穂館〉から、スタンダードな〈東館〉、リーズナブルな〈西館〉とあって、予算に合わせて選び分けられる。

当時はどんな部屋だったか、まったく記憶にないが、大浴場は子供の頃のイメージとぴったり重なる。

今は〈硫黄谷庭園大浴場〉という名がついている。大浴場というより、プールか、もしくは池のような広さ。真ん中にある立湯は奥行きが二十五メートルもあるというから、どれくらいの湯量なのだろうか。

明礬《みょうばん》泉の〈明礬風呂〉や、硫黄泉の〈赤松風呂〉、さらに鉄泉を使った〈黄金風呂〉など、違った源泉を愉しめるのも、この宿ならでは。

〈寝湯〉や〈うたせ湯〉など趣向を凝らした風呂も合わせて、十数種の湯を巡るには、一日ではとても足りない。四種、十四の泉源を持つ〈霧島ホテル〉はまさに温泉天国。

いくつもの湯を堪能した後の食もまた、この宿の愉しみ。鹿児島は名にし負う食材王国。海の幸はもちろん、黒毛和牛、黒豚など肉類も豊富で、焼酎を片手に美食三昧と洒落《しゃれ》込むのも一興。南の国のゴクラク湯宿だ。

第3章

海に手が届く、オーシャンビューの湯宿

26

津軽海峡冬景色を眼前に贅沢な湯浴みを

湯の川プリンスホテル渚亭《なぎさてい》

北海道函館市／湯の川温泉

旅情をかき立てる地と、そうでない地がある。後者の名を具体的に挙げるのは失礼だろうから省《はぶ》くとして、前者の代表と言えば、まずは函館ではないだろうか。はるばる来た。そう唄にも歌われ、かつては青函《せいかん》連絡船の行き着く先であり、津軽海峡冬景色には欠かせないのが函館である。

温暖な南国に比べて、演歌の舞台になりやすい北国の中でも、圧倒的な存在感を持って、旅人が憧れる地、函館。そこに人の心を芯からいやす温泉が湧き出ているのは、決して偶然ではないような気がする。

とは言うものの、アクセス至便な地に、目指す宿は建っている。函館空港からなら車で約五分、ＪＲ函館駅からでも車で十五分と掛からず着ける湯の川温泉。津軽海峡を望む海辺に建つ宿「湯の川プリンスホテル渚亭」。

部屋の露天風呂から津軽海峡を望めるというのも嬉しいが、この宿には更なる絶景風呂があり、それは男性用の大浴場〈浦島〉に付帯する露天風呂。

海辺の温泉旅館には、たいてい露天風呂があって、そこから海が見えることを売り物にする宿は少なくない。海を間近に見る、だとか、目の前はすべて海、などというキャッチコピーがホームページに躍《おど》る。そんなコピーにつられて、僕も何軒か訪ねて都度満足してきたが、この宿の露天風呂は、それらとは明らかに一線を画する。スケール感がまるで違うのである。

大浴場からでも既に、海がすぐそこに見えていたのだが、ガラス戸を開けて外に出て、露天風呂に入ると、海に手が届きそうな錯覚さえ覚えるほど、海が近い。

石造りの風呂には、安全柵などという無粋なものはなく、湯船の縁の向こうには同じ高さの防潮堤《ぼうちょうてい》が建ち、その向こうはビーチの砂浜。ひたひたと波が押し寄せてくる音もすぐそこに聞こえる。

湯船に身を沈めると余計なものは消え去り、ただ津軽海峡の海だけが目に入る。六月から十二月までは、夜ともなれば、湯けむりの向こうには漁火《ぎょか》が横一列に並び、夜闇を海と空のふたつに区切る。これを絶景と言わずして、何を絶景と呼ぼうか。

冬にはこれが雪見風呂に変わり、正真正銘、津軽海峡冬景色を目の当たりにしながら湯浴みを愉しめる。

地元函館の新鮮な山海の幸をふんだんに使った、和食膳、ビュッフェ、鉄板焼など、変化に富んだ料理を味わえ、味覚にもおこたりない。北海道を代表するゴクラク湯。

27

海と空の境目を望む、房総《ぼうそう》切っての佳宿

季《き》粋《すい》の宿 紋《もん》屋《や》

千葉県南房総市／白浜温泉

関西の人間にとって、白浜と言えば和歌山の海を思い浮かべるが、関東人には千葉房総の白浜となるだろう。

野島埼《のじまざき》灯台をはじめ、鴨川《かもがわ》シーワールド、マザー牧場など多くの観光名所に近く、風光明媚《ふうこうめいび》な地、白浜にキラリと光る佳宿があり、その名を「季粋の宿 紋屋」という。

房総半島の南端、野島埼灯台のほど近くにあって、鉄路より車でのアクセスがおすすめという。なるほど、東京駅八重洲《やえす》口から〈房総なのはな号〉というバスに乗れば二時間半と少し。安房《あわ》白浜駅（バスターミナル）に着いて、宿に連絡すれば迎えに来てくれるのだから、これが一番便利かもしれない。

近辺の観光も併せて考えれば、マイカーかレンタカーもいい。

「紋屋旅館」と墨痕《ぼっこん》鮮やかに記された木製の看板を横目にして、宿に入る。客室は風呂がついた部屋と、バスなしの部屋に分かれるが、パブリック・バスが充実しているので、バスなしの部屋でも充分愉しめる。

三階、四階にある一般客室だと雄大な太平洋を一望でき、飽かず海を眺められる。

房総らしい部屋を望まれる向きにはここがおすすめ。

荒々しい岩肌がいかにも太平洋といった景観を生み出し、突き出た岬に建つ野島埼灯台が淡い風情をかもし出す。波音を耳に、しばし海に見とれた後は風呂へと向かう。〈季の湯〉と名づけられた風呂には、いくらか緑がかった温泉が湧き、美肌の湯と称されるメタ珪酸泉《けいさんせん》は、すべすべした肌触り。坪庭を眺める庭園風呂は心をゆるゆると緩めてくれる。

もうひとつの温泉浴場は〈光の湯〉と名がつけられ、南房総の海をほのかに照らす野島埼灯台の灯りを見下ろす展望風呂になっている。湯船は浅めに作られているので寝湯としても使え、ゆったりと身体を湯に横たえながら、時間によって移りゆく海と空の表情を眺めることができる。

この二箇所の温泉浴場は、時間によって男女が入れ替わる仕組みなので、一泊すれば両方の湯に入れる。

さらにもう二箇所、〈麗〉と〈玄〉と呼ばれる貸切風呂もあり、こちらは時間制の有料となるが、雰囲気ある湯浴みを満喫できる。

最上より最良を、と謳《うた》う料理は、並の旅館とはひと味違い、ひと工夫加えた献立で客の舌を喜ばせる。湯も味も、ほどのよさに肩の力が抜ける房総切っての佳宿である。

28

大海原の真ん中を行く展望大浴場

飛鳥《あすか》Ⅱ

神奈川県横浜市

異色の湯宿である。どこが宿？　という声も聞こえてきそうだが、寝泊まりできるのだから、紛《まが》うことなき宿である。しかも極上の宿。

言うまでもなく、日本を代表する豪華客船である。通常、こういった豪華客船に乗るのは、時間的にも経済的にも余裕のあるリタイア層だと思われているし、現に僕も長いあいだ、そう思い続けていた。

たっぷりと支給された退職金を懐にし、長年連れ添ってくれた妻への恩返しとばかりに、えいやと思い切って、百日間の世界一周クルーズ。優雅な船旅。なんていうイメージを、大方はお持ちだろうと思う。

ところが、一度乗ってみると、存外、一般庶民にも手が届くもので、しかも、すこぶる快適な船旅ができることがわかった。二泊三日、ないしは三泊四日くらいでも充分愉しめるのである。

最初は横浜から函館、二度目は横浜から松山、そして三度目は、鹿児島から那覇を経由して宮崎に戻ってくる旅。いわゆるショートクルーズである。

大浴場つきの豪華客船「飛鳥Ⅱ」で快適な船旅を

無論スイートクラスともなると、ちょっと手が出ないが、ステートクラスなら、高級温泉旅館より安いくらいで泊まれるのだ。

たとえばワンナイトクルーズというものがある。

横浜から出航して神戸へ。これで五万円台からある。横浜から神戸への交通費は概《おおむ》ね一万五千円ほどだとすれば、一泊が三万円台の宿ということになる。船での滞在時間は二十三時間ほど。一泊三食、夜食つき、ソフトドリンクは飲み放題、軽食も食べ放題だから、考えてみれば決して高くない。発想を転換すれば、豪華客船も一夜の宿となる。しかも移動つき。

世界に、豪華客船数あれど、大浴場が付属している船はそう多くない。その稀有《けう》な例が、この飛鳥Ⅱ。

巨大な船である飛鳥Ⅱは、言ってみれば十二階建てのビルのようなもので、その最上階にあたる十二階に〈グランドスパ〉がある。つまりは展望大浴場。

大海原を進み行く船の中で、海を眺めながら、どっぷりと湯に浸かる。ジャグジーを含めて、湯船は三つもある。

この大量の湯は、くみ上げた海水を真水に変えているという。そのせいかどうか、湯冷めしにくいお湯。朝でも夜でも、清掃時間以外はいつでも入れて、しかも無料。洗い場も脱衣場も極めて清潔で、タオルもたっぷりと準備されている。

これ以上、望むべくもない極上の宿で、それも海の上で、伸び伸びと手足を伸ばして、ふんだんに湯を浴びる。つい、ゴクラク、ゴクラクとつぶやいてしまう。日本一のゴクラク湯宿は、この船なのかもしれない。

29

望洋楼《ぼうようろう》

絶景と越前蟹《えちぜんがに》、天が二物を与えた宿

福井県坂井市／三国《みくに》温泉

天は二物を与えず。そんな言葉があるせいか、何かひとつ傑出した名物を持つ宿は、そのことばかりが強調されて、他に優れたることがあっても、見過ごされてしまいがちになるのは、まことにもったいないことである。

それは、ひとつにはメディアの近視眼的な見方のせいでもあって、あるキーワードが宿につくと、それればかりを追い掛けて映し出し、あるいは書き尽くし、他をおろそかにする傾向がある。

さらには、それに接した消費者はその後追いばかりに熱を上げ、他のことには見向きもしない。悪しき傾向である。

北陸は越前海岸に「望洋楼」という宿があり、世に名高い越前蟹を極めた料理の宿として、食通のあいだで高い人気を呼んでいる。越前蟹といえば「望洋楼」。「望洋楼」といえば越前蟹。両者はイコールで結ばれている。

無論そのことを否定するものでもなく、極めて正しい視点である。皇室にも献上《けんじょう》されるほど良質の越前蟹を洗練の技で調理し、蟹とはこんなに旨いものだったか、と誰もが感嘆の声を上げる蟹料理は、それを食べるためだけにこの宿を訪れたとしても、決して後悔しない、深い味わいを約束してくれる。

それは一旦、横に置くとして、この宿の傑出した魅力がもうひとつあり、それは宿の名が示す通り、広々とした海を望むゴクラク湯である。

蟹にばかり目が行ってしまうが、この宿の風呂は、すべてが天然の三国温泉。身体を芯から温め、心を静かに休めてくれるナトリウム・カルシウム塩化物泉。

泉質も優れていれば、何よりその眺め。これほどの海の眺望を得られる宿が、他にあっただろうか。まさに絶景温泉なのである。

大浴場はふたつ。男湯と女湯に分かれ、それぞれに露天風呂がついている。内風呂のほうは、芳《かんば》しい檜と越前焼の陶板《とうばん》を組み合わせた趣き深い風呂。

圧巻《あっかん》は露天風呂。広々と、まさに洋々と横たわる日本海を一望できるのである。

岸壁に建つ宿ゆえ、視界をさえぎるものは何ひとつない。ただただ目の前には海が広がり、温泉に浸かりながら、その絶景を飽かず眺められる。これぞ真のゴクラク湯。波音が間近に聞こえ、荒波押し寄せる大海原が眼前に迫ってくる。

そんな迫力ある絶景を、客室の露天風呂からも眺められるのは六室ばかり。全部で十室の宿だから、その確率は六割。

「望洋楼」の露天風呂からは、見渡す限り日本海の絶景が広がる

冬なら無論、その後には越前蟹が食卓で待ち受けているわけで、まさに天は二物を与えたのである。

30

ホテル カターラ

伊豆への家族旅行なら、ここは外せない選択肢

静岡県東伊豆町／伊豆熱川《あたがわ》温泉

幼い子供を連れて温泉へ。僕にもそんなときがあった。お父さんひとり旅ばかりズルいじゃないか、となり、ではでは温泉旅館にでも連れていってやるか、となる。そんなときに、どんな宿を選ぶかは極めて大事なことであって、あまりに贅沢過ぎる宿は教育上よろしくないし、かと言って、貧相な宿も佳き想い出として残らないだろう。

何より肝心なのは、宿の雰囲気を壊さないこと。おとなのカップルがメインの宿は避け、家族連れ歓迎の宿を選ぶ。

加えて大事なのは雨対策。旅先では好天ばかりとは限らない。もし雨降りだったとしても、子供が愉しめるような設備のある宿が有難い。

そんな条件に当てはまる宿が何軒かあり、中で強く記憶に残っている温泉宿が「ホテル カターラ」。当時は「福島屋」という名がついていた。

東伊豆の中ほど。伊豆熱川温泉にあって、その宿は高台に建っている。宿に一歩足を踏み入れると、そこは南国のリゾート気分。フロント横のロビーからは室内プール

が一望でき、ここでまず子供たちは歓声を上げ、早く早くとせっつくのは必定。

客室はすべてがオーシャンビューで、和室をメインにしてツインルームもあるが、家族連れなら〈ファミリールーム〉がおすすめ。広い角部屋にトリプルベッドが置かれ、十畳の和室と窓辺のソファ・コーナーを備えていて、二世代でもゆったりくつろげる。もっとも、子供を甘やかさないことを旨とするなら、スタンダードな十畳の和室に布団を並べるのも悪くない。

子供たちのお愉しみ、通年営業の室内プールは広々としていて、海を一望できるのも嬉しく、おとなも充分愉しめる。

もうひとつ、室内プール感覚で愉しめるのが〈ジャングルＳＰＡ〉。かつて一世を風靡《ふうび》したジャングル風呂の進化系。熱帯植物、動物のオブジェが南国気分を盛り上げ、水着着用温泉なので、混浴気分も味わえる。

大浴場は二箇所。ひとつは野天風呂メインの〈月あかりの湯〉。もうひとつは〈ＭＡＮＡ〉と名づけられ、広い湯船が横に長く延びていて見晴らしもひときわ。

プール、ジャングルＳＰＡ、大浴場と、おとなも子供も湯三昧を愉しめる宿は食もおこたりなく、バイキングから和食、和洋折衷といくつもの料理を味わえ、家族旅行に彩りを添えてくれる。想い出に残る宿だ。

31

どこまでも眺望抜群、宿の名前に偽りなし

潮騒《しおさい》のリゾート ホテル海《うみ》

静岡県伊東市／伊東富戸《ふと》温泉

何ともいさぎよい宿の名前である。「ホテル海」。難解な名前をつける宿が増えてきた中で、実に明快で、かつ的確なネーミングだ。小難しい理屈などは一切なく、宿の名が示す通り、まさしくこの宿のテーマは〈海〉である。

最寄り駅は伊豆急行富戸駅。歩いて歩けない距離ではないが、送迎車があるのでそれを利用したい。富戸の海辺、相模灘《さがみなだ》に面して「ホテル海」は建っている。

エントランスから館内へ一歩足を踏み入れたときから、目の前にはいつも海がある。太い柱と天井の梁《はり》が印象的な、吹き抜けのロビー。庭からレストラン、そして客室。どこに身を置いても、視界には絶えず海が入っている。

宿からの絶景といって、山もあれば渓流《けいりゅう》もあり、緑を望む宿も、湖と向き合う宿もある。だが、ただひとつ絶景を選ぶなら、僕は海を選ぶ。

空と海のあいだに延びる水平線。時には白波が立ち、あるいは穏やかなさざなみが揺れ、海は二度と同じ顔を見せない。寄せては返す波音に耳を澄ませば、どんなにざわめいていた胸でも、いつしか静かに落ち着いてゆく。

眺めのいい和室をはじめ、洋室も備えた本館の客室でもいいが、三棟だけの〈離れ〉が一番のおすすめ。

広々としたフローリングのリビングスペースに、ツインベッドルーム。内風呂に加えて、広いウッドテラスには掛け流しの温泉露天風呂が設えられ、プライベートタイムを存分に満喫できる。

この部屋つきの露天風呂でも充分満ち足りた気分になれるが、この宿の極めつきは野天風呂の〈離れ湯〉。

目の前に何もさえぎるものがない庭に、丸い木樽の風呂と、大理石をくり抜いた石風呂が設えられ、伊豆の湯に浸かりながら、絶景を目の当たりにできる。見渡す限りの海、そして海。

海を見飽きることなどないが、もし見飽きたとしても、この宿にはもう一箇所、大浴場があり、こちらは緑に囲まれて、木の香も芳しい檜の露天風呂を愉しめる。遠く潮騒を耳に、目には緑という贅沢な時間。

食事は隣り合う食事処〈れすとらん 海ほおずき〉で。和をベースとしたスタイリッシュな料理には伊豆の恵みがふんだんに使われ、湯上がりの胃袋と心を満たしてくれる。伊豆の海の絶景を得られるゴクラク湯宿なら、ここをおいて他にはない。

32

シーサイドホテル舞子《まいこ》ビラ神戸

瀬戸内海の夜景を肴に、湯浴みと美食を堪能

兵庫県神戸市

神戸の宿である。とは言っても神戸は広い。広いというより長い。東から西へ、海沿いに延びる街が神戸。背後にはすぐ六甲山系の山が迫り、きっとそのせいもあって、横に広がっていったのだろう。

東は芦屋《あしや》市と隣り合う東灘《ひがしなだ》区、西は明石《あかし》市に隣接する垂水《たるみ》区まで、三十キロ近く東西に延びる神戸市。その西端とも言えるのが舞子という街で、明石海峡大橋のお膝元《ひざもと》である。

古くから海外との交流が盛んな街である舞子には、中国の豪商呉錦堂《ごきんどう》が別荘として建てた移情閣《いじょうかく》があり、異国情緒をかもし出している。中国革命の父とも言われる孫文が亡命中に立ち寄ったことでも知られ、明治天皇も数度にわたって行幸されたという景勝地でもある。

ハイカラ神戸の中でも、ひときわ異彩を放ち、美しい海の眺めもあって、舞子はアーバンリゾートとしての役割も果たしている。

ＪＲ舞子駅から、明石海峡大橋を背に、少し東に歩くと、小高い丘の上に二棟に分

オーシャンビューのバスルームからは、明石海峡大橋の全景が眼前に

かれたホテルが見えてくる。これが「シーサイドホテル舞子ビラ神戸」。

本館と緑風館に分かれるが、僕が泊まったのは本館のデラックス・ツインルーム。

ここをゴクラク湯宿と僕が呼ぶ所以は、この部屋のバスルームにある。

一〇〇八号室。オーシャンビューのバスルーム。ただ海が見えるだけではない。

広いバスルームに鎮座《ちんざ》する湯船に浸かると、なんと目の前に明石海峡大橋の威容が迫ってくるのである。

角部屋のコーナーにバスタブが設けてあるので、左側に海が広がり、右手に目を遣ると、巨大な橋が見える。本州側の架かり端から淡路島まで、ほぼ全容を望みながら湯浴みができる。幾度かオーシャンビューの風呂に浸かってきたが、この眺めは別格である。

自然の織《お》りなす美しい光景と、人間が作り上げた造形美を間近に、しかも広々と眺められるのは稀有なこと。温泉ではないものの、この絶景を目の当たりにすると、いつまでも湯に浸っていたいと思わせる。

この宿が本領を発揮するのは食。和洋中、バーまでそろった食事処では、神戸ならではの美食が愉しめる。さらには、そのほとんどのレストランで部屋風呂と同じ絶景が得られるのだ。

絶景を眺めながら湯に浸り、絶景を眺めながら美食を味わう。日本中探したとて、そうそうあるものではない。実に貴重なゴクラク湯宿だ。

宮島の対岸で湯浴み後は、名物の牡蠣《かき》と穴子《あなご》を

33

庭園の宿 石亭《せきてい》

広島県廿日市市《はつかいちし》／宮浜温泉

日本三景のひとつである宮島は、厳島《いつくしま》神社を擁する神の島。社の背後にそびえる山は弥山《みせん》と呼ばれ、その姿が須弥山《しゅみせん》に似ていることから名づけられたとか、開山したのは弘法大師《こうぼうだいし》空海であるなど、神仏混淆《しんぶつこんこう》の信仰の島である。

そんな島の姿を対岸から望めるのが、宮浜温泉にある「庭園の宿 石亭」。その名が示す通り、庭園を囲むようにして客室棟が建っている。

ＪＲ山陽本線の宮島口駅からなら車で二十分ほど。大野浦駅からなら五分ばかりで宿に着く。

チェックインして最初に案内されるのが、ガラス貼りのラウンジ。よく手入れの行き届いた日本庭園が真下に広がり、その奥に瀬戸内の海が横たわっている。沖に浮かんで見えるのが宮島。そんな眺めに見とれていると、ボチャン。池のコイが飛び跳ねている。

十三室の客室は、すべてその造りが違っていて、どこもが広々とし、しかし使い勝手がよく、細やかな気遣いを感じることができる。

何より緑豊かな庭園の眺めが、旅人の心身をいやしてくれる。

そんな客室でひと休みした後は、母屋の一階にある温泉へと向かう。

さほど広い風呂ではないが、木造りの内風呂と岩に囲まれた露天風呂を備えて、二箇所用意されている。

泉質は単純弱放射能温泉と記されているが、それがどんな特徴を持つのか、僕にはよくわからない。ただ、なめらかな湯で、湯上がりの肌はさらりとして、心地いい湯浴みになることだけは間違いない。

この宿の湯浴みはここだけに留まらず、新設された〈からすの湯〉などは、夜ともなれば蝋燭《ろうそく》がともされ、幽玄の湯を愉しめるし、〈安庵〉と呼ばれる四阿《あずまや》では、シャンパーニュを飲みながら貸切露天をひとり占めすることだってできる。

さらには〈游僊〉と呼ばれる客室に泊まれば、二階に設けられた〈お湯サロン〉で月見湯と洒落込む愉しみもある。

湯三昧の後の食事もまた、この宿の大きな愉しみ。

秋も深まれば宮島名物の牡蠣に舌鼓を打てるのを始め、目の前に広がる瀬戸内の豊富な海の幸が満喫できる。

中でも特筆すべきは穴子料理。宿の母体が、宮島口で人気の店「穴子飯うえの」だ

「石亭」の日本庭園の奥には、瀬戸内海の遠景が広がり、旅のつかれをいやしてくれる

から、穴子料理の旨さは傑出している。通年味わえるのも嬉しい。
湯よし味よし設えよし。三拍子そろった佳宿である。

34

一日ひと組限定、最上級のオーシャンビュー

小屋場《こやば》 只只《ただただ》

山口県周南市

山口県周南市。最近はそんな地名になっているようだが、僕には徳山という名が馴染み深い。山陽新幹線も最寄り駅は徳山だ。徳山駅は海沿いにあって、東から来ると、白煙を上げる広大な工場群が続き、海が見えてくれば到着が近い。

その駅のすぐ南には徳山港があり、フェリーの発着場となっている。ここから船に乗って向かうのは大津島。目指す宿の名は「小屋場 只只」。一風変わった名で、宿の名前だけでなく、その有り様も唯一無二。旅館でもホテルでもなく、かと言って、民宿と呼ぶような雰囲気ではない。おいしい料理が出てくるが、レストランに付属するようなオーベルジュでもない。何しろ、一日にひと組しか泊まれない宿なのだから。

船が馬島の港に着くと、宿の迎えが来ている。車に乗って五分と掛からず宿の玄関口に着く。案内されるまま、石組の門を潜り、狭い石段、階段を上って入口から建物に入る。ラウンジに入った瞬間、誰もが息を呑む。

テラス越しに海が広がっている。百八十度を超え、二百七十度近く、水平線がずっと延びている。オーシャンビューと言って、これを超える眺めを見たことはない。切

り立った断崖《だんがい》に建つ宿からは岸辺が見えず、崖に植わる木々の緑以外はすべてが海。視界いっぱいに海が広がる。

そんな海を眺めながら入れる風呂が二箇所あって、ひとつは内風呂。と、その前にこの宿の造りを説明しておこう。まずは母屋。コンクリート打ちっ放しのラウンジがあり、その隣に暖炉《だんろ》を備えたリビングスペースがある。リビングには一段高くなったミニキッチンが付属していて、奥にはツインベッドの置かれた寝室がある。さらにその奥には、トイレのついたバスルームがある。

横長の母屋にはずっとウッドデッキが続いていて、飽かず海を眺めていられるのだが、バスルームのバスタブはデッキに面しているから、無論のこと海の眺めがいい。シャープなデザインの湯船からお湯がオーバーフローすると、海と一体になり、さながら海に浸かっているかのよう。

もう一箇所。母屋の上に設けられた茶室風の離れに付属する五右衛門風呂も、また絶景風呂である。宿そのものが貸切なのだから、いつでも好きに入れるのも嬉しい。

湯上がりに愉しむ食事も、離島ならではの豊かな食材が並び、とりわけふぐの旨さは格別なものがあるのだが、それを詳しく紹介するには紙幅が足りぬ。瀬戸内の海に浮かぶ宿「小屋場 只只」は、この世のゴクラクであることだけを書き留めておく。

35

ビーチで遊んだ後は大浴場とレストラン巡り

ラグナガーデンホテル

沖縄県宜野湾市《ぎのわんし》

沖縄と言えばビーチ。海を抜きにして沖縄は語れない。同じ日本でありながら、どこか海外のビーチを思わせる青く広々とした海。

離島の浮世離れした空気もいいが、変化に富んだ沖縄本島の魅力は尽きることがない。それは例えば、琉球《りゅうきゅう》王国の伝統文化を今に残す城だったり、独特の食文化を間近にできる市場だったりする。無論その中には、先の大戦で犠牲となった人々の魂をなぐさめる標も含まれる。

そんな本島を観て回り、本拠とする宿を選ぶならここがベスト。そう僕が断じるのは「ラグナガーデンホテル」。沖縄本島のビーチリゾートと言えば、恩納《おんな》村がよく知られているが、那覇空港からはかなり離れていて、渋滞に巻き込まれたりすると、結構時間が掛かる。その点、このホテルは那覇空港から〈うみそらトンネル〉を抜ければ、車で三十分と掛からず着く。

北にも南にも動きやすい中ほど、緩やかなカーブを描く宜野湾ビーチに建つホテル。那覇市内から近いのも嬉しい。

さて、ここのゴクラク湯。ビーチリゾートホテルには珍しい大浴場である。

このホテルのすぐ近くにビーチがあり、その海で泳いだ後に入ると有難みがわかる。昔は海水浴と言って、海で泳ぐのが当たり前だったのが、近年は、海は眺めるだけで泳ぐのはプールという傾向が顕著《けんちょ》。しかし、やはり雄大な海で泳ぐと気持ちがいい。ただ、問題は身体にまとわりつく潮気。客室の狭いバスルームでなく、広々とした大浴場で洗い流すと快適そのもの。

さらに、イレギュラーではあるが、このホテルの室内温水プールも、僕はゴクラク湯の一種として捉えている。

いかに沖縄といえども、冬はそれなりに寒い。プールや海で泳ぐなんてことはできない。そこへいくと、この室内温水プールなら真冬であっても泳げる。外の冬景色を眺めながら、ぷかりぷかりと温水に身をゆだねるとゴクラクゴクラク。

最後にもうひとつ。ここのホテル食も魅力。和食と琉球料理の両方を愉しめる日本料理から、洋食、中華、焼肉レストランまでそろっているのが嬉しい。

近年、僕の夏の定宿となっていて、必ず数日滞在してレストラン巡りをするが、どこで食べても実においしい。しかもお値打ち価格なのだ。夏はもちろん、冬でも愉しみの多い沖縄。リーズナブルなゴクラク湯を求めるならここがおすすめ。

36

魚が跳ねる音さえ聞こえる海際の南国湯宿

百名伽藍《ひゃくながらん》

沖縄県南城市

那覇空港から車で三十分ほど。宿に着いてしばらくのあいだ、僕は言葉を失っていた。

目の前に広がる海。その海を眺めるに、これ以上は望めないだろう、堂々たる建物の美しさ。どんな美辞麗句《びじれいく》を駆使したとしても、この場に立ち、五感すべてで感じ取る感動を超えることなど、決してできはしない。

その宿は名を「百名伽藍」といい、リゾートホテルのようでもあるが、泊まってみると、日本旅館に限りなく近い。

最初に案内されるロビーラウンジからの眺めが、まずもって素晴らしい。ビーチではなく、海、という眺め。落ち着きのある風景だ。

その後に通される客室はもちろんのこと、すべてのパブリック・スペースからの素晴らしき眺め。本物だけがかもし出す設えの見事さ、その両者によって生み出される居心地のよさ。

どんなに言葉を尽くしても、この宿の素晴らしさは伝え切れないほど。

「百名伽藍」では〈特別和室 白隠の間〉からも、飽くことなく青い海を眺められる

さて、ここをゴクラク湯宿とするわけは、ふたつある。ひとつは部屋のバスルーム。

すべての客室がオーシャンビューになっていて、そのバスルームからも存分に海の眺めを愉しめる。窓の下はすぐ海。波の音は無論のこと、魚が跳ねる水音まで聞こえてくる。

バスタブに身を沈めると、まるで海に入っているかのような錯覚を覚える。干潮と満潮で、表情をがらりと変える海。広い空。見えるのはそれだけという贅沢な眺め。

もうひとつは、最上階に設けられた貸切露天風呂。〈方丈庵〉と名づけられたそこには、六つの小部屋があり、それぞれ海を間近に眺める露天風呂が設えられている。温泉ではないが、そんなことは微塵《みじん》も気にならないほど、開放感にあふれた風呂。宿泊者は朝も夜も、無料で利用できるのもありがたい。

数日滞在しても、朝夕毎日料理が変わるという、奥行きの深い〈和琉料理〉も実においしい。

琉球料理と日本料理のいいとこ取り。旅人にとっては申し分のないスタイルで、豆腐蓉《とうふよう》の深い味わいと、石垣牛の旨さが特に印象に残っている。

赤瓦《あかがわら》や琉球石灰岩、チャーギなど沖縄の素材をふんだんに使用した建築。巨大なガジュマルが生い茂る中庭。高さ七メートルを超える石仏。

沖縄というより、日本とアジアの中継地点として、四百五十年の長きに亘って続いた琉球王国の歴史を、今に伝える宿としての役割をも「百名伽藍」は担っている。

伽藍とは、僧が修行する清浄な場所を指す。その名を冠し、体現しながら、快楽をも享受《きょうじゅ》できる宿。「百名伽藍」は沖縄唯一無二の逸宿である。

37

はいむるぶし

堪能し尽くすのに、最低二泊は必要な宿

沖縄県竹富町

船に乗って離島へ。もう、それだけで旅情は満たされる。

新しくなった石垣空港に降り立ち、港へと向かう。離島桟橋から高速船に乗って、島へ向かうときの昂揚感《こうようかん》は何とも言えず心地いい。やがて小浜島に着く。宿の送迎車に乗り込む頃には、既に島人《しまんちゅ》気分。目指す宿は「はいむるぶし」。南の島のオーシャンリゾートの先駆けだ。

シーサーに出迎えられて敷地に入ると、そこはまさしく別天地。豊かな緑の中には色とりどりの花が咲き乱れ、池には水牛が寝そべり、その周りをアヒルやガチョウが遊ぶ。

宿というより、園といったほうがふさわしい「はいむるぶし」の宿泊棟は、いくつかに分かれ、それぞれ風景も設えも異なる。僕が泊まったのは〈てぃだ〉棟。部屋は一五九号室。オーシャンビュースイート。

マリンブルーを基調としたインテリアで、目の前の海と一体になっている。広々としたリビングからも、バスルームからも間近に海が眺められる。まずはこの部屋の風

呂からして、既にゴクラク湯なのだ。

青い空。青い海。自然と鼻歌が出るほどに、胸がすく眺めは、本土から遠く離れた離島ならではのもの。手つかずの海を眺めながらのバスタイムとは、何たる贅沢。湯船に身体を沈めると、まるで海に入っているかのような気さえしてくる。

山、川、湖、森。さまざまに絶景はあれども、その雄大さという点において、海に優るものはないだろうと思う。それはきっと、母に抱かれるような安らぎを得るからに違いない。生まれたままの姿で、母なる海にも似た湯に身を包まれる。

すべての客室のバスルームから、こんな眺望が得られるわけではないが、案じることはない。展望大浴場なら、この部屋と同じ、いや、それ以上の景色を眺めながら、ゆったりと湯に浸かれる。

緑の芝、青い海、その向こうには西表島《いりおもて》。こんな風景を望む大浴場は、きっと日本随一だろう。無論のこと温泉などではないが、広々とした湯船に身を沈め、飽かず海を眺めていると、泉質だとかは、どうでもよくなってくる。

南の島ならではの料理、豊富なビーチ・アクティビティ。ゴクラク湯以外にも、愉しみは多く用意されている。

最低でも二泊、叶うなら数日は滞在して「はいむるぶし」時間を堪能したいものだ。

第4章

秘湯からリゾートまで、山々に佇む湯宿

![38]

秘湯郷の中で際立つ明治の老舗旅館

丸屋旅館

山形県大蔵村／肘折《ひじおり》温泉

一般にはあまり知られていないが、温泉通なら誰もが、憧れを持ってその名を語る温泉地に、肘折温泉がある。

出羽《でわ》三山の主峰と称される月山《がっさん》。その麓《ふもと》を流れる銅山川《どうざんがわ》に沿って、昔ながらの風情ある佇まいで建ち並ぶ旅館街。山間にひっそりと佇み、身を寄せ合うように宿が集う街は肘折温泉郷と呼ばれている。

その名の由来は、千二百年も前にさかのぼり、ひとりの老僧がこの地に立ち寄ったことから始まる。

八〇七年。平安京が始まったばかりの頃、肘を骨折した老僧がこの地の湯に浸かると、たちどころにして傷がいえ、肘が元通りになったと伝わっている。そのときに浸かった湯は今も残り、〈上の湯〉の名で共同浴場として使われている。

山形新幹線で東京駅から三時間半を超えて、ようやくたどり着くのが新庄駅。そこから路線バスに乗り換えて一時間弱。つまり東京駅からだと五時間近く掛かるわけで、だからこそ秘湯の空気を残しているのだ。

「丸屋旅館」の玄関。堂々たる看板が宿の歴史を物語る

そんな歴史を持ち、ひなびた地にある肘折温泉郷の中で、懐かしくも美しい佇まいを保つ宿があり、その名を「丸屋旅館」という。

旅館街の中ほど、〈上の湯〉の向かい辺りに建つ宿は、明治元年の創業という老舗旅館。玄関先から既にその空気を色濃く漂わせている。

木造三階建て。かつて日本の宿と言えば、どこもがこんな風だっただろうと思わせる玄関先に立つ。

堂々たる木彫りの看板が、宿の歴史を物語っている。初めて訪れたとしても、きっと誰もが懐かしさを抱くに違いない。

灯ともし頃ともなれば、行燈《あんどん》に明か

りが入り、格子《こうし》のあいだから漏れてくる宿の灯りが温もりを映す。やさしく包み込んでくれそうな外観。

宿に入っても同じ空気が流れ、トントンと階段を三階まで上がって部屋へと案内される。〈月山〉の間。カウンターを備えた茶の間があり、奥にはベッドルームが続く。さらにその奥に、リラクゼーションルームと一体になった風呂場がある。

大人四人でも入れそうな広い湯船は檜の香りが漂い、源泉掛け流しの温泉がなみなみと張られている。

思ったよりも深い湯船に身を沈めると、湯がざあざあとあふれ、何とも贅沢な気分になる。ゴクラクゴクラク。思わず口をついて出る。

湯上がりの愉しみは、山里ならではの山菜や地の野菜。そして山形牛に川魚。奇をてらうことなく素直に調理された料理と山形の地酒が実によく合う。鄙の地にありながら、料理は洗練され、バランスのよく取れた宿である。

39

安達太良《あだたら》の山麓《さんろく》に抱かれたレトロモダンな宿

お宿 花かんざし

福島県二本松市／岳《だけ》温泉

福島県の岳温泉は安達太良山の麓にある。

――智恵子は東京に空が無いといふ――

あまりにも有名な『智恵子抄《ちえこしょう》』の一節。後半はこう続く。

――阿多多羅山の山の上に毎日出てゐる青い空が　智恵子のほんとの空だといふ――

東京にはない空が、安達太良山の上にはある。それほどに豊かな自然を湛《たた》える山の麓にある岳温泉。その湯は、安達太良山と肩を並べるようにそびえる鉄山の麓から湧き出ている。

距離にしておよそ八キロ。九百メートルにも及ぶ高低差を経て、はるばる山の彼方から運ばれてくる温泉は、その道程で湯もみされ、すこぶる柔らかな湯となって、宿の湯船に横たわる。

十四軒もの宿を擁する岳温泉にあって、鄙の空気と雅な設えを巧みに取り合わせ、人気を呼んでいるのが「お宿 花かんざし」。

東北新幹線の郡山《こおりやま》駅か福島駅。東北本線に乗り換えて、どちらからでも二十分ほどで二本松駅に着く。

そこから車で十五分も走れば岳温泉へと至る。鏡ケ池から温泉神社に向かって真っすぐ延びるメインストリートは、ヒマラヤ大通りと呼ばれ、「花かんざし」はその道沿いに建っている。

レトロモダンな設えの〈宵待草〉の間がおすすめ。緑豊かな庭を眺める和室と、奥にはベッドルームがあり、庭には露天風呂もついている。

保湿成分をたっぷり含んだ酸性泉。当然のように源泉掛け流し。

滔々と流れ出る湯を身にまとい、ゆったりと身体を沈める。四季折々、庭のそこかしこに咲き乱れる野花に目を休め、どこからともなく聞こえてくる鳥のさえずりに耳を澄ます。

この宿にはレトロなタイル貼りの大浴場が二箇所あり、片方には広々とした露天風呂もついている。時間によって男女が入れ替わるので、両方愉しめる。この大浴場では地酒のサービスもあり、左党には堪えられないゴクラク湯となる。

部屋の風呂と、ふたつの大浴場で湯三昧した後は、山海の幸を取り合わせた会席仕立ての夕餉を愉しむ。お供はもちろん地の酒。地元の二本松には、二百五十年を越える長い歴史を誇る、ふたつの酒蔵「大七」と「奥の松」があり、どちらも料理によく

「花かんざし」のレトロモダンな〈宵待草〉の間は、緑豊かな庭と露天風呂つき

合う酒。

　安達太良の山麓に抱かれ、山間から湧き出る湯に身をゆだね、地酒とともに地の恵みを味わう。日本のゴクラク湯はここに極まる。

40

万座《まんざ》プリンスホテル

満天の星空を頂く、ゴクラクに一番近い温泉

群馬県嬬恋村《つまごいむら》／万座温泉

群馬県吾妻郡嬬恋村万座温泉。こうして地名を書くだけでも、旅情をかき立てられ、ワクワクする。万座温泉には子供の頃から慣れ親しんできて、温泉の愉しさをここで学んだように記憶している。

関西からのアクセスは今も昔も、決していいとは言えない。新幹線と在来線を乗り継いで、とにもかくにも軽井沢まで行き、そこからさらにバスを乗り継ぐ。どんなにスムーズに運んだとしても六時間を切ることはない。そんな不便を押して、幾度万座に通ったただろうか。もっとも、首都圏からなら容易に車で行けるのだろうが。

標高千八百メートル。「高峰温泉《たかみねおんせん》」（１３７ページ）には後塵《こうじん》を拝するが、それでも相当な高地であることは間違いない。車で行くことのできる温泉としては、最高所にあるようだ。当然のことながら冬は雪見どころか、雪に埋もれた里山を眺めながらの湯浴みを愉しむことができる。昔から宿は「万座プリンスホテル」と決めている。

二百室を軽く超える大きなホテルだが、そのスケールメリットが温泉にも生かされていて、何より快適に過ごせるからでもある。

南館のツインルームがおすすめ。ツインとしてはさほど広い部屋ではないが、大きく取られた窓が開放感をかもし出してくれ、階によって、という条件がつくものの、万座名物の〈空吹〉を見ることができるからである。

〈空吹〉とは、かつての噴火口跡で、草の一本も生えていない岩場から、白い水蒸気が立ち昇ることをいう。雨水や地下水が水蒸気となって、硫化《りゅうか》水素ガスと一緒に噴き出しているのだから、間近で見ると危険極まりない。ホテルの部屋という安全な場所に身を置きながら、〈空吹〉を見るというのは、実に貴重なことなのだ。

南館のツインルームへは、斜行エレベーターで行き来するのも愉しみのひとつ。ちょっとした離れ気分も味わえる。

さて、お目当ての温泉。よほど湯量が豊富とみえて、男性用なら内湯がふたつと露天風呂がふたつ、広々とした湯船が並んでいる。女性用はさらにもうひとつ専用の露天風呂があり、大きなホテルには珍しい混浴の露天風呂もある。

一番のおすすめは〈こまくさの湯〉。万座ならではの濁り湯に身を沈め、辺りを見回すと山また山。視界をさえぎるものなど何ひとつなく、大自然と一体になれる露天風呂は圧倒的なスケール感。夜ともなれば、星に一番近い温泉、という宿のキャッチコピーを実感できる。この宿は、ゴクラクに一番近い温泉でもある。

41

湯、食、設え。自然との一体感を味わう

那《な》須《す》別邸 回《かい》

栃木県那須町／新那須温泉

雑木林の中にぽつんと建つ宿は、すこぶる控えめな佇まいで、しっとりと周りの空気に溶け込んでいる。過ぎたる主張は景観を壊し、それがそのまま宿の有り様と重なるのが常。

この宿は、それとはまったく逆のベクトルを示す。那須高原にある宿「山水閣」の離れとして建てられた「那須別邸 回」。

緑豊かな自然を宿の中にまで取り入れ、目を、心を休ませてくれる。たとえば宿に着いて、すぐに通されるラウンジ。ウッドデッキの向こうに広がる緑の、なんと鮮やかなことか。造り込まない庭からやわらかな風が流れてきて、瀟洒なラウンジに穏やかな空気を漂わせる。

ウェルカムドリンクで喉《のど》をうるおし、ひとときの安らぎを得て案内された部屋もまた、華美な演出を避けながらも、端正にデザインされた空間。

壱から九まで、そして離れ。どれひとつとして、同じ造りの部屋はない。間取りも違えば、調度、眺めも異なる。

鍵の形をした湯船から見える緑は美しく、心身ともに安らげる

どこも魅力的だが、僕の気に入りは〈壱〉。和室を持たない部屋だが、流れる空気には、どこかしら和を感じさせる。

リビング、テラス、ベッドルーム、バスルーム。広々とした空間ながら、居心地を計算して設計されているせいか、どこにいても落ち着く。

取り分け気に入ったのが、外と内をつなぐテーブルスペース。内に座っても、外と同じ開放感が得られ、外に腰掛けても内と変わらぬ安心感がある。

パソコンを広げて、仕事をするもよし。山の幸をメインに据《す》えた夕餉を、じっくりと味わうのもよし。あるいは、トワイライト・シャンパーニュを愉しむのも、またよし。

外と内の絶妙なバランスは、この部屋の風呂にも見てとれる。鍵の形をした湯船が印象的な風呂。ここから見える緑の有り様が美しい。

時折り、木漏れ日が湯に揺れ、そよ吹く風がさざ波を立てる。掛け流しの湯に浸かりながら、自然を身にまとう幸福感は、何ものにも代え難い。

つまりこの宿は、自然を制するのではなく、ましてや自然に頼るのでもない。宿もまた、自然のひとつとしていて、旅人はその事に心を安らげるのだ。

その姿勢は、食にも表れる。食材の声を聞き、あるがまま、素直に調理する。器こそ吟味するものの、今ドキの創作和食のような、過剰な演出は一切ない。肉なら肉。野菜なら野菜。いさぎよいまでに直球で勝負する。

自然との一体感を味わえる風呂と食。心も身体も心底休まるのは、自然の為せるわざ。すこぶる居心地のいい宿である。

42

ほどの佳い高級感で箱根気分を味わえる

強羅花扇《はなおうぎ》

神奈川県箱根町／強羅温泉

箱根登山電車に乗り、強羅駅に着く。

ここで既に箱根気分になるのだが、箱根登山ケーブルカーに乗り換え早雲山《そううんざん》まで行くと、箱根の山、という空気を実感できる。

駅を出ると、目指す宿「強羅花扇」へと通じる斜行エレベーターがあり、これに乗れば宿の玄関にたどり着ける。こうして色んな乗り物に乗り換えて宿へと向かうのは、何とも愉しい。

まずもって仰々しくない玄関がいい。控えめ、かつ折り目正しい出迎えに、ホッと心が安らぐ。

おもてなしの意をはき違えた宿によくある、ありったけの仲居さんそろってのお出迎えが苦手だ。ファミレスにも通じる、作り笑顔と慇懃《いんぎん》過ぎる迎えの言葉に、本当の意味でのおもてなしはない。

客室の数は二十。頃合いの規模である。

僕が泊まったのは、二階にある標準的なベッドタイプの部屋。この部屋も過不足のない設えで、あるべきものはあり、余計なものは何もない。

畢竟《ひっきょう》、こうした宿に表れるように、客は旅館に過ぎたるを求めてなどいないのだが、バブル再来とばかり、造作も食も華美を競うような、最近の傾向には、つい眉《まゆ》をひそめてしまう。

すべての部屋に露天風呂がついているが、これとて、取ってつけたような、おざなりなものではなく、箱根の山々を眺めながら、ゆったりと湯に身をゆだねるための設えである。

遠山を眺める。

峰の頂から山裾《やますそ》へ、木々の色づきが降りてくる様を遠くに望みながら、源泉掛け流しの湯をまとう幸せ。この開放感あっての客室露天。

日暮れての夕餉は、個室仕様になった食事処で摂る。相模灘の海の幸、箱根野菜に加えて、飛騨牛《ひだぎゅう》を味わえるのもこの宿ならではの魅力。

箱根にありながら、いい意味で、箱根らしくない空気をかもし出しているのは、この宿の本拠が飛騨にあるからだろうと思う。その一環としての飛騨牛であり、木の香漂う客室やロビーなのである。

すべてに取り澄ましたところがなく、心底安らげる宿。節度あるもてなしと、良質

「強羅花扇」の風呂からは箱根の山々を一望できる

の食、眺めのいい湯を備える「強羅花扇」。

とかく超高額になりがちな箱根にあって、ほどの佳い高級感を愉しませてくれるこの宿は、今一番のお気に入りである。

43

部屋つきの露天風呂で味わう至極の開放感

仙郷楼《せんきょうろう》別邸 奥《おく》の樹々《きぎ》

神奈川県箱根町／仙石《せんごく》元湯場

ひと口に箱根と言っても、場所によって空気も眺めも異なり、目指す宿も自ずと違ってくる。箱根湯本、強羅、宮ノ下、大涌谷《おおわくだに》、芦ノ湖《あしのこ》と、箱根全山に点在する景勝地には、それぞれ多くの宿がある。首都圏からのアクセスがいいこともあって、いつも賑わっている。

中で仙石原は、他の箱根の観光地と少しく違っていて、箱根外輪山に囲まれた標高六百五十メートル付近にある高原地帯である。

神奈川県では唯一の湿原《しつげん》と言われ、台ケ岳《だいがたけ》の山裾に広がる草原は、ススキの名所として名高い。九月の終わり頃から十月下旬頃まで、黄金色に輝く穂をゆらゆらと揺らし、幻想的な光景を見せてくれる。背丈を超えるほどのススキが群生する中を歩くと、ちょっとしたラビリンスの気分も味わえる。

その仙石原を代表する宿と言えば「仙郷楼」。新宿駅から高速バスに乗れば、〈仙郷楼前〉というバス停が最寄りになるほどに、よく知られた宿。明治三年の開業。大涌谷の温泉を開発していた当時は「石村旅館」と言っていたそうで、その後、現在地に場所を移し、引湯したことから仙石元湯場の呼称がついたという。

本館、西館、東館に分かれ、三十九室を擁する「仙郷楼」のもうひとつの宿、それが「仙郷楼別邸 奥の樹々」である。

離れ形式の客室は全部で六つ。平屋建てで、すべてに露天風呂がつき、十畳の間が二間続くという贅沢な造りの部屋。どこもが広々としていて、庭の緑越しに箱根の山々を望むことができ、ひと味違った箱根が愉しめる。

部屋つき露天風呂は、時として狭苦しかったり、保安上の理由から視界をさえぎられたりして、せっかくの露天なのに、いかほども開放感を得られないことがある。

そこへいくと、この宿の露天風呂は露天本来の姿で、伸びやかな空間、心も身体も解きほぐす広さで応えてくれる。

欅、楢、山栗など、部屋には庭に植えられた木の名がつけられている。僕の気に入りは〈山栗〉の間。木の香も芳しい露天風呂から見る庭に心底、心がいやされる。湯上がりには部屋で夕餉が供される。

先付《さきづけ》から始まり、刺身、煮物、焼物など、ほどよい間を置いて順に出される料理はどれも洗練されていて、おいしく食べられる。老舗宿の奥座敷とも呼びたくなるような小さな宿。贅を尽くした空間ともてなしで、日頃の憂《う》さを存分に晴らしてくれる。

44

山道の奥で密かな人気を集める隠れ宿

石葉《せきよう》

神奈川県湯河原町《ゆがわらまち》／湯河原温泉

海と山の両方を持ちながら、独特の空気を漂わせる湯河原。その奥まった地にあって、瀟洒な隠れ宿として、密かな人気を呼んでいるのが「石葉」。わずかに九室ばかりの小さな宿である。急峻《きゅうしゅん》な山道をたどり、うっかりすれば見逃してしまいそうな宿へのアプローチ。坂道を上り切ると初夏の風に揺らめく、大きな暖簾が目に入る。

出迎えを受け、まずは部屋へと通される。本館から路地をたどり、離れに建つ〈草楽庵〉が今宵の部屋。よく風の通る座敷とベッドルームがひと続きになった部屋だ。窓の下には木々が繁り、池の水面に緑が映る。葉擦《はず》れの音に交じって時折、鳥の鳴き声がこだまする。この静寂《せいじゃく》もまた、湯河原独特の風情。

ひと息ついたら風呂へと向かう。小さな宿だから、さほど大きな風呂ではない。大浴場という言葉は似合わない。それ故のんびり、ゆったりと、思う存分、湯河原の湯を愉しめる。湯とともに、遠く箱根の山景色をも堪能できる。

源泉を持つ宿ゆえ、その湯の質については論をまたない。無色透明。香りもさほど強くはない。なればこそ、湯の力強さが肌身を通して伝わってくる。緑に包まれながら、じわり、じわりと効く湯をまとう。

夜更けての夕食もまた、東に相模灘を擁し、山裾に位置する湯河原ならではの美味が続く。造り、椀、焼き物。どれもが小細工を避け、素材の持ち味をダイレクトに調理する直球勝負。

凝縮されたアワビのコク、椀種《わんだね》に使われるアコウの旨み。厳選された極上食材の味が舌から胃の腑《ふ》へと真っ直ぐに伝わっていく。初夏から盛夏へと旬を迎えるアユが、やはり宴《うたげ》の真打だろうか。

「石葉」の膳に上るのは、アユ好き垂涎の〈函南鮎《かんなみあゆ》〉。相模灘とは反対方向、湯河原の西に控える函南の恵み。

見事な焼き色をつけて、笹の葉の上で身をねじるアユは、清冽《せいれつ》な旨みを撥《は》ね、滋味深い苦みを舌に残し、口の中に涼風を吹き渡らせる。

設え、湯、そして味。すべてに派手さはなく、しっとりとした情趣を湛える「石葉」。おとなの隠れ宿だ。

45

ふきや

箱根と熱海のあいだで、肌にやさしい湯浴みを

神奈川県湯河原町／湯河原温泉

湯河原というのは少しく不思議な湯の街であって、地理的にも空気としても、箱根と熱海のちょうど中ほど、混ざり合ったところにある。

熱海はその字が表す通り、熱い湯が湧き出す地だろうし、箱根は箱形をした駒ケ岳の峰から、その名がついたと伝わっている。

熱海が海なら箱根は山。その両方を備えるのが湯河原ということになる。その湯河原。〈足柄《あしがり》の土肥《とひ》の河内《かふち》に出《い》づる湯の〉と古く万葉集にも詠《うた》われ、古来、出で湯の里として知られてきた。

傷ついたタヌキが見つけた湯だとも、行基が発見したとも、はたまた、弘法大師が湯河原を流れる千歳《ちとせ》川の上流で、断崖から流れ落ちる滝の水で足を洗ったところ、たちまちその水が温泉に変わった、これが湯河原温泉の始まりだという説もある。

諸説紛々は古い歴史を持つ証でもあり、それはさておき、湯河原には多くの佳宿がある。熱海ほどには華やかでなく、箱根ほどには混み合うことがない。

JR湯河原駅が最寄り駅。駅から東に海、西に山を望み、湯河原温泉の宿は渓流沿

いに軒を並べている。その少し北、小高い丘の上に建つのが「ふきや」。客室の数は全部で二十。頃合いの規模である。

どの部屋も広々としていて快適に過ごせるが、一番のおすすめは〈Aタイプ〉と呼ばれる角部屋で、檜の内風呂の蛇口をひねれば源泉が出てくるのも嬉しい。ラーセンやフィン・ユールなどがデザインしたミッドセンチュリーの椅子に腰掛け、庭越しに箱根の山などをぼんやり見上げ、ひと息吐いた後は貸切風呂へ。

「ふきや」の大きな特色は、開放感にあふれる貸切露天風呂が三つもあること。露天風呂のついた立派な大浴場も男女別に備わってはいるが、誰に邪魔されることなく、湯と眺望をひとり占めできる貸切露天にまずは入ってみたい。

三階にひとつ。屋上にはふたつの貸切露天風呂があり、それぞれ三十分以内なら無料で入ることができる。人気が高いので、チェックイン時に予約しておくのが賢明。

三階の風呂が好きだ。楕円形の湯船は檜でできていて、湯と同じくあたりが柔らかい。無色透明の湯は肌にやさしくまとわり、するすると滑る。

湯河原の温泉街を見下ろし、目の前には山の緑が迫ってくる。これほどの眺めを得られる貸切風呂は、そうそうあるものではない。旬の食材を丁寧《ていねい》に調理し、洗練の技で作り上げた料理も見事。「ふきや」は、湯も味も第一級の宿である。

46

赤《あか》倉《くら》観光ホテル

妙《みょう》高《こう》高原の山々を、眺望抜群の露天風呂から

新潟県妙高市／赤倉温泉

子供の頃に何度か通った宿は、記憶の中の姿そのままを保ってほしいという気持ちがあり、再訪しないことがよくある。新潟県の妙高高原にある「赤倉観光ホテル」などがその典型例で、毎年のように訪れ、夏は避暑、冬はスキーにと祖父母や父母に連れていってもらっていた。最後は中学生の頃だったように記憶する。

時折、旅雑誌などでその健在ぶりを見ることはあっても、長く訪れることはなかった。それが平成二十年、二十一年とリニューアル、新館建設と相次ぎ、まるで別のホテルに生まれ変わったかのような変身を遂げた。これは行かねばなるまい、となった。

どこがどう変わったのかをたしかめようと訪ねて、外観がほとんど変わっていないことに、ホッと胸をなで下ろした。山の端に沿った横長のホテルには、昔と同じ赤いトンガリ屋根の塔があって、見た目には記憶の中の宿そのままであった。その手前横に新設された館も、同じテイストの建築で、至極自然な佇まいで客を迎えていた。

暖炉とグランドピアノが印象的なロビーラウンジも懐かしく、二階のライブラリーでは往時の空気を色濃く感じることができる。

本館の客室は変わらぬ雰囲気。大きく異なるのは新館の中。部屋へとたどるアプローチにある〈アクアテラス〉が美しい。ホテルに流れ来る湧き水を水盤に湛え、その水越しに、望む山々の姿はまさに絶景。これと同じような眺めを、客室の露天風呂から得られるのだ。

Bタイプの露天風呂つきテラスルームに案内された。入口から入って、奥に暖炉を備えたリビングルームがあり、その奥のテラスには開閉式の露天風呂がついている。さらにその向こうには〈アクアテラス〉と同じく水盤が設えられ、それによって柵を設けることなく、眺望をさえぎられずに済むのだという。

実際に湯に入ってみると、たしかに柵がないと視界が開け、より一層、開放感が増すことを実感できた。部屋の風呂も源泉掛け流しというのが嬉しい。源泉は、妙高山の中腹より自然噴出している天然温泉だといい、泉質は、硫酸《りゅうさん》塩泉・炭酸水素塩泉のふたつの成分をあわせ持ち、湯冷めしにくいというのだから、雪深い高原の宿には格好の湯だ。

露天風呂のついた温泉大浴場もあり、歴史と格式を誇るダイニングのフレンチも愉しめ、和食の食事処から寿司カウンター、ベーカリーまであるので、歴史ある湯と食を心底味わうことができる。新旧のバランスが巧く取れたゴクラク湯宿だ。

47

深山幽谷《しんざんゆうこく》の趣きあり、湯も食も信州随一

緑霞山宿《りょくかさんしゅく》 藤井荘

長野県高山村／山田温泉

「緑霞山宿 藤井荘」。宿の玄関前に立ち、これほどに宿の名と佇まいが一致する宿も珍しいと思う旅人は、決して少なくないだろう。

雨の日が特にいい。山の緑が雨に煙《けぶ》り、山肌が薄すらと霞《かす》む。深い川底からせせらぎの音が響き、山宿の風情をより一層高めてくれる。

最寄り駅は長野電鉄の須坂《すざか》駅。ここから山田温泉行きのバスに乗って40分ほど。玄関を潜り、最初に通される〈山の茶屋〉からの眺めには誰もが圧倒される。まさに峠《とうげ》の茶屋にいるかのような山の眺めは圧巻。

この宿は渓谷の傾斜地に建っているので、ロビー階より下に客室がある。エレベーターに乗って下に降り、離れの客室〈鳳山亭〉へ。〈山の茶屋〉からと同じ眺めが得られるのも嬉しい。客間から続く縁側には緋毛氈《ひもうせん》が敷かれ、円座が置かれている。山の端に昇る月でも眺めながら、徳利を傾けたい。

ひと息吐いたら、何をおいてもまずは風呂へ。

大浴場は〈五万石風呂〉と名づけられ、〈山の茶屋〉や〈鳳山亭〉と同じ景色を眺めることができる。滾々と湧き出る内湯、渓谷に張り出すように設えられた露天風呂。どちらからも、湯に浸かって目に入るのは山の緑のみ。

眼前に広がるパノラミックな緑を飽かず眺め、繰り返し湯を身にまとう。湯口から流れ出る湯の音に、渓流のせせらぎが重なる。

しんと静まり返った山から、時折、山鳥のさえずりが聞こえてくる。深山幽谷の趣きあり、とはこういうことを言うのだろう。山宿の湯ならではの、森閑《しんかん》とした空気をたっぷりと胸に吸い込んだ後は、待ちかねた夕餉。

食事は朝夕とも〈東兵衛茶屋〉と名づけられた食事処で摂る。ほとんどが個室仕様になっていて、山深い里ならではの料理をゆっくりと味わえる。

この宿の名物料理は〈ポンポン鍋〉。言うならば、お座敷串《ざしきくし》あげ。衣に包まれた山の幸を、鍋に張られた油であげながら食べる。

つけダレにも工夫が凝らされ、食べ飽きることなく、いくらでも食べられそうだ。何より愉しい。信州牛、信州黄金軍鶏《しゃも》、シナノユキマスなど、地元信州の食材をふんだんに使った料理を、信濃の地酒と一緒に味わう。

ひなびた山の湯宿でありながら、どこかしら雅を感じさせる宿。「緑霞山宿 藤井荘」は信州随一の佳宿である。

48

常盤館《ときわかん》

ケーブルカーに揺られて絶景の露天風呂へ

長野県小諸市《こもろ》／菱野《ひしの》温泉

——小諸なる古城のほとり　雲白く遊子悲しむ——

島崎藤村の『千曲川《ちくまがわ》旅情の歌』に詠われた佐久平《さくだいら》を眼下に望み、野趣あふれる露天風呂に浸かれる宿がある。小諸から少しばかり山の手に上ったところにある菱野温泉の「常盤館」がそれである。

最寄り駅はJR小海《こうみ》線の小諸駅。長野新幹線の佐久平駅からは十五分ほど。そこからバスで小半時。首都圏からのアクセスは悪くない。さしずめ小諸の奥座敷といったところ。

山荘風の玄関から宿に入って、ペレットストーブの火に迎えられ、ロビーラウンジの奥を覗くと、ちょっと不思議な光景を目の当たりにして、たいていの客は驚きの声を上げる。

これは後のお愉しみとして、まずは客室へ。案内されたのは近年リニューアルされた和洋室タイプ。手前にツインベッドが置かれ、奥は一段高くなった畳の間。温泉旅館で最近増えてきたタイプの部屋はうまくできていて、畳の和室でくつろぎながら、休むときは楽なベッドという和と洋のいいとこ取り。高齢化が進むこれからは、きっとこのタイプの部屋が主流になってくるだろう。

部屋を後にしてロビーへ向かう。目指すはその奥。垣間見えるのは、なんとケーブルカーだ。

日本広しといえど、館内から登山電車に乗って風呂へと向かう宿は、そうそうあるものではない。

ケーブルカーに乗って、絶景が待つ露天風呂へ

一分半ほどの乗車時間ながら、ワクワク気分で山を登っていく。全長百三十メートルの距離。

急坂をゆっくり登り、途中で下りのケーブルカーとすれ違う瞬間は、子供でなくても歓声を上げる。山頂駅に着くと露天風呂はすぐそこ。

〈雲の助〉と名づけられた展望露天風呂が圧巻。石造りの内湯〈大石風呂〉を横目にして、デッキから外に出る。待ち受けているのは、大きな木桶の露天風呂。たっぷりと日差しを受けた湯はキラキラと輝き、さらり、つるりと心地いい肌触りを愉しむ。

目に入るのは多くの山々と佐久平。天狗岳《てんぐだけ》、横岳《よこだけ》、硫黄岳《いおうだけ》、蓼科山《たてしなやま》などなど、八ケ《やつが》岳《たけ》から遠くには富士の峰、眼下には佐久平の眺望がパノラミックに広がる。

ケーブルカーに乗ってこなければ得られない眺めは広々として、清々しく、ひと目、島崎藤村にも見せてあげたかったと思わせる。絶景ゴクラク湯を極める宿である。

49

ここは雲の上、秘湯ファンならずとも——

高峰温泉

長野県小諸市／高峰温泉

信州は小諸市。古城を後に山深く分け入ったところにある「高峰温泉」。秘湯ファンには、よくその名を知られている。高い山の上にあって、大自然に囲まれた素朴な湯宿である。

明治時代の初め頃、信濃川水系の深沢川《ふかざわがわ》下流から山道を登っていく辺りに、地元の農家が牧草を刈りに来て、岩の隙間から涌き出る温泉を見つけた。そのお湯を、伏せた桶に入れた簡単な野天風呂が、この温泉の始まりと言われ、秘湯と呼ばれる所以でもある。

宿へのアクセスは、さほど難しくない。長野新幹線の佐久平駅から、直通バスに一時間も乗れば高峰温泉に着く。

ただし、それは春から秋に掛けてのことであって、冬場はそう簡単に宿を訪ねることはできない。

雪の深い山ゆえ、冬場は車も通れない山道となる。〈アサマ2000スキー場〉の駐車場から出ている宿専用の雪上車で送ってもらうより他にアクセスはない。これもまた、秘湯と称される所以である。

雪上車に乗る機会など、普通にはないことなので、一度は冬に行ってみたいと思いつつ、寒さに怖気《おじけ》づき、なかなか叶わずにいる。

雪が溶けて、山里に春がやってくる頃。あるいは、秋も深まり、紅葉が風に散り始めるころがいい。

宿そのものは古い建築ではなく、特段の歴史を感じさせるものではない。近年改装された客室は、温水洗浄トイレを備え、快適に過ごすことはできるが、古民家の風情があるわけでも、豪華な設備を備えるものでもない。

一夜を過ごすには過不足のない設備を備えた宿の魅力は、なんといっても温泉。とりわけ〈雲上の野天風呂〉と名づけられた風呂に一度でも入れば、虜《とりこ》になってしまうこと請け合いである。

宿から一旦外に出て、専用のアプローチとなる山道をしばらく歩く。

自然の中に作った風呂ゆえ、周りは木々が植わっているだけ。林の中を歩くと忽然《こつぜん》と姿を現すのが露天風呂。お目当てはこれである。

標高二千メートルを超え、眼下に高峰渓谷を見下ろし、見回すとアルプスの山々がパノラミックに広がっている。

標高2000メートル 雲上の野天風呂。冬は山々を白く染める雪景色を見下ろせる

薄く濁った白い湯は、もちろん源泉掛け流し。伸びた枝にタオルを掛け、ゆっくり身を沈めると、それはもうゴクラクそのもの。

大自然の中に、すべて脱ぎ去った身を置き、ただただ湯にまかせる。秘湯の醍醐味を存分に愉しめる「高峰温泉」。ぜひ、一度訪ねてほしいゴクラク湯宿である。

奥飛騨温泉郷のスタイリッシュな秘湯宿

50

野の花山荘

岐阜県高山市／新穂《しんほ》高《たか》温泉

奥飛騨温泉郷。そう聞いただけで旅情が漂う。それは何も慕情《ぼじょう》を歌った演歌があるせいではなく、山深い里を容易に思い浮かべることができるからだろうと思う。

飛騨というだけで既に山国を想わせるのに、さらにその奥となれば、さぞや郷愁を誘う地に違いないと、日本人なら誰もがそう思うはずだ。

そしてそれは、実際に訪れてみると、想像をはるかに超えるスケールと、素朴な土地柄に、予想以上の感動を与えてくれる結果を生む。

北アルプスの麓に並ぶ奥飛騨温泉には、平湯《ひらゆ》、新平湯、福地《ふくじ》、栃尾《とちお》、新穂高、上宝《かみたから》と、六つの温泉地がある。どこも鉄道の駅からは少しく離れていて、マイカーかバスで訪ねることになる。それぞれ個性ある温泉地だが、最も奥飛騨らしいところと言えば、僕は新穂高温泉をおすすめしている。主要都市からは直通バスも出ているが、基本的には信州松本か、もしくは飛騨高山が奥飛騨への入口となる。

バスに揺られ、峠をいくつか越えてようやくたどり着く新穂高温泉。ここに「野の花山荘」という秘湯の宿がある。

秘湯と聞けば、多くはひなびた山宿を思い浮かべるところだが、この宿は暖炉を真ん中に据えたスタイリッシュなロビーを備える、モダンな山荘である。九つの客室はすべて二階にあって、シンプルな造りの和室。どの部屋からも奥飛騨の山々を眺めることができ、とりわけ、奥飛騨の山を象徴する錫杖岳《しゃくじょうだけ》を間近に眺める十畳タイプの部屋からの眺望は見事。

飽かず眺めていたいところだが、まずは温泉へ。さすが秘湯の宿だけあって、わずか九室の宿にもかかわらず、いくつもの湯を愉しめるから、湯浴みの時間は当然ながら長くなる。

露天風呂を備えた男女別の大浴場の他に、混浴の露天風呂、さらにはふたつの貸切露天風呂もあり、すべてに入り切れないほど。特筆すべきは、どこも広々としていて、緑に囲まれ、錫杖岳を始めとする山の眺めもよく、開放感にあふれていること。無論のこと、自家源泉から湧き出る湯を掛け流している。長湯必至の湯だ。

野趣あふれる風呂から一転。食事はオープンキッチンレストランのカウンターで供される。ジャズが流れる空間で摂る夕餉は、地元の食材を使いながらも、洗練されたディナー。鄙の風呂と雅な食。このコンビネーションを愉しめるのも「野の花山荘」ならではのこと。

第5章

湖、川、渓谷。
趣き深い水辺の湯宿

51

サミットが開かれたリゾートで純和風温泉を

ザ・ウィンザーホテル洞爺《とうや》リゾート＆スパ

北海道洞爺湖町

洞爺湖畔《こはん》に建つ、威風堂々《いふうどうどう》たるホテル「ザ・ウィンザーホテル洞爺リゾート＆スパ」はサミットが開かれたことでも知られ、北海道切っての高級ホテル。

世界にその名をとどろかせる〈ミシェルブラス・トーヤジャポン〉を筆頭に、和洋十二軒ものレストラン・バーを擁する美食の宿として、多くが憧れるホテルだが、ここに温泉があることは存外知られていない。

広い北海道を移動するにはレンタカーが一番。新千歳空港で車を借りて、美笛《びふえ》峠を越えれば二時間ほどで洞爺湖に着く。湖畔から見上げればそこにホテルが建っている。サミットが開かれるくらいだから、そうそう簡単に泊まれるような宿ではない。人生の節目や、何かの記念に訪ねたい宿だ。

正規料金は相当な額になるので、ウェブの宿泊サイトを上手く利用したいところ。シーズンオフの平日なら充分手の届く金額で泊まれる。

すべての客室は広々としていて、オーシャンビューとレイクビューに分かれる。どちらの眺めも捨てがたいが、〈山泉〉と名づけられた温泉浴場からの眺めも素晴らしい。

洋風のホテルでありながら、この〈山泉〉は完全な和風。数寄屋作りの設えは、温泉旅館の大浴場と見紛うほどで、石畳を踏みながら風呂へと向かうアプローチは、実に情緒ゆたか。脱衣室もしっとりと落ち着いた空気をかもし出している。

宿泊者専用なので、騒がしさとは無縁。北海道ならではの潤沢な湯を、その眺めとともにじっくりと愉しむことができる。

大きなガラス窓の向こうには、広々とした庭園が広がり、その彼方には羊蹄山《ようていざん》の雄姿を望める。冬ともなれば当然ながら雪見風呂となり、格別の景色を愉しめる。

ひと風呂浴びた後は、食通垂涎の美食が待っている。フレンチや懐石料理もいいが、やはり北海道ならではの郷土色豊かな、素朴な料理がふさわしい。

僕のおすすめは〈端渓〉と名づけられた蕎麦処。蕎麦通なら先刻ご承知だろうが、北海道は蕎麦の産地として名高い。

その蕎麦の前に、格好の一品料理がメニューに上り、手軽に北海道らしい料理を味わえる。ニシンの甘露煮《かんろに》、ホッケの炙《あぶ》りなどで北海道の地酒を愉しみ、〆《シメ》は山ワサビおろしを添えた盛り蕎麦。

ハイクラスのリゾートホテルに泊まり、純和風の温泉を愉しみ、北海道ならではの蕎麦料理を味わう。これぞゴクラク。一度は泊まってみたい宿である。

52

風呂の底から湧き出す、こだわりの泉質

湖畔の宿 支笏湖《しこつこ》 丸駒《まるこま》温泉旅館

北海道千歳市／丸駒温泉

北海道の湖は独特の空気を持っていて、神秘的であったり、不思議な伝説が残されていたり、と観るものを魅了《みりょう》する。

千歳市にある支笏湖もそのひとつで、極寒の地にありながら氷結しない、不凍湖《ふとうこ》としても知られている。もっとも、近年では二、三十年に一度、全面氷結することもあるというから、湖底で変化が起こっているのかもしれない。

支笏湖と言えば、澄んだ水を生かして、明治の半ばからヒメマスの養殖をおこなっており、マス釣りの湖としても人気を呼んでいる。

そんな、日本有数の透明度を誇る支笏湖畔に温泉フリーク垂涎の湯宿がある。それが「丸駒温泉旅館」。

大正初期創業という老舗旅館の、最大の特徴は、その泉質にある。

世に多く存する温泉通は、泉質へのこだわりが極めて強い。達人になると、湯に触れただけで泉質を言い当てるというから、僕には驚異的な話。

温泉と真水の違いくらいはわかるが、湯に浸っていても、それがどういう類の湯なのか、一度入ったくらいではとてもわかるものではない。そんな僕でも、この旅館の湯が、いかに優れているかは、すぐにわかった。

大浴場を通り抜け、渡り廊下を伝って、露天風呂へ。支笏湖に臨む風呂は岩に囲まれていて、冬ともなればその岩も雪に覆われ、まるで支笏湖の一部のようになる。

この湯に浸かって、しばらくすると、時折、ぷかり、ぷかりと湯面が泡立つのを目にする。それは時に、背中を滑っていくこともあり、湯の中で粗相《そそう》をしたと思われないかと、周りを見回したりしてしまうのもご愛嬌《あいきょう》。

風呂の底から湧き出す温泉は全国でも珍しいのだそうだが、さらに驚かされるのがその湯温の調節法。水路に敷《し》かれた砂利を、湯の温度が熱いときには積み重ね、ぬるいときには除ける。こんな業をやってのけるのが、湯守《ゆもり》とも呼びたい風呂の番人たち。

湯は無色透明。支笏湖の湖水と同じだという。湯の深さも、季節によって上下し、支笏湖の水位と同じなのだというから、何とも不思議な温泉だ。

この湯に浸かると、自然と一体になれるような気がする。源泉は五十四度。泉質はミネラルを豊富に含んだ中性低張性高温泉。そう記された看板を見ると、余計に効きそうに思える、ありがたい温泉である。

53

あかん鶴《つる》雅《が》別荘 鄙《ひな》の座《ざ》

天然温泉に浸かり、阿寒《あかん》湖畔の大自然を満喫

北海道釧路市

阿寒湖畔、遊覧船の船着場やアイヌコタンのほど近く、阿寒観光には絶好の場所に建つ「あかん鶴雅別荘 鄙の座」は、そこからの眺めもまた格別のロケーションにある。外観を見る限りは、取り立てて特徴のない鉄筋建築だが、一歩宿に足を踏み入れると、ガラリとその様相を変える。

最初に客を迎えるのは〈湖森の座〉と名づけられたエントランス・ギャラリー。アートを横目にしてフロントへ。吹き抜けになった高い天井と太い梁が印象的な空間だ。阿寒湖を眺め、ウェルカムフードを頂きながらチェックイン。案内された客室は広々としていて、すこぶる眺めもいい。二十五ある客室は、広さや設えで五つのタイプに分かれるが、すべての部屋に露天風呂がつくのがこの宿の最大の特徴。

僕が泊まった五〇七号室〈珠日〉の露天風呂からは阿寒湖が一望でき、木造りのゆったりした湯船で、時間とともに移りゆく湖を飽かず眺めることができる。

だが、この宿には六階と七階に二箇所の大浴場があり、それぞれ〈石室の湯 銀の雫〉〈石室の湯 金の弓〉と名づけられ、どちらものんびりと温泉を堪能できる。

とりわけ七階にある大浴場の露天風呂からは、雄阿寒岳《おあかんだけ》の勇壮な姿も眺められ、北海道らしい大自然を満喫できる。

併設された岩盤浴には、阿寒湖の点紋石が使われ、湯とはまた違う温もりを与えてくれる。

そしてもうひとつ。僕がこの宿を訪れると、必ず足を運ぶのが〈和気の湯〉と名づけられた足湯。一階にあるので、湖がすぐ傍に見え、ゆらゆらと湯を照らす灯りが幻想的な雰囲気をかもし出す。ただ温まるだけでなく、心を解き放ってくれる足湯には、ぜひ入って頂きたい。

湯上がりの夕食は、個室仕様の食事処〈料理茶屋ひな〉で供される。

野菜や山菜といった北の大地が育てた恵みや、北の海であがる新鮮そのものの魚介類をメインに、贅を尽くした料理を味わえる。

北海道ならではのスケールの大きさ。雄大な自然に溶け込みながらも、きめの細かいもてなしを実践する「あかん鶴雅別荘 鄙の座」。

とかく大味になりがちな北海道の宿の中で、洗練と先進を加え、新たなコンセプトで客を迎える姿勢は、多くの客から支持され、高い人気を誇っている。北海道で温泉旅館をとなれば、まずはこの宿の名を挙げたい。

54

渓谷美に沿って延びゆく会津《あいづ》の奥座敷

庄助《しょうすけ》の宿 瀧《たき》の湯

福島県会津若松市／東山《ひがしやま》温泉

郡山から会津若松、そして東山温泉へ、と会津の山道を奥へとたどる。僕がこの宿を最初に訪ねたのは真冬だったが、宿に近づくに連れて、雪は深さを増していった。都会から遠く離れていくこと、それはすなわち絶景に出会える可能性が高まることでもある。いやが上にも期待が高まる。

宿の名が示す通り、ここは滝を眺める風呂が自慢の宿。はたして、どんな絶景に出会えるのか、期待に胸をふくらませて玄関を潜った。

この宿には、サブタイトルとでも言おうか、「庄助の宿」という名がついている。庄助とは、あの小原《おはら》庄助のこと。

朝寝と朝湯、朝酒が大好きなくらいのことで、はたして身上《しんしょう》を潰《つぶ》すものなのか。子供の頃にそんな疑問を持ったことを思い出す。

『会津磐梯山《ばんだいさん》』という民謡で覚えているのは、たいていが小原庄助さんのくだりだろう。宝の山と歌われる会津磐梯山と、身上を潰した小原庄助さんが、どうつながるのかも、子供心に不思議だった。

その小原庄助さん縁《ゆかり》の温泉宿。チェックインして、何をおいても風呂へと急ぐ。フロントは四階、風呂は一階。傾斜地に建つ宿ではよくあることだ。

エレベーターを降り、まず目に入ってきたのは、石をくりぬいた風呂。なんと、小原庄助が入った風呂だと記されている。実在の人物だったのか。感慨は深い。

大浴場は、その名も〈庄助風呂〉。伏見ケ滝《ふしみがたき》を真横に眺めながら、渓流沿いに広がる湯。併設された露天風呂は〈古の湯〉。どこにいても、流れ落ちる滝の音が聞こえ、絶景を間近にできる。

渓流沿いに延びる露天風呂から、冬なら雪景色を眺められる

貸切風呂からは滝になる前の、悠々とした流れ。大浴場に入ってからは、ちょうど滝が流れ落ちる様を真横から。

木造りの露天風呂からは滝を迎え打つように、清らかな流れを見ながら湯を愉しむことができる。最後には、小原庄助さんが入ったのと同じような壺湯《つぼゆ》から、その全体像を眺めることができる。

無論この宿は、滝を眺める湯だけが秀でているのではなく、地元の食材をふんだんに使った朝夕の料理、それに合わせる地酒も「瀧の湯」ならではであり、川を挟んで対岸に設えられた能舞台を眺めることのできる客室も、また洗練されていて、すこぶる居心地がいい。

秘湯というほどには不便な場所ではなく、しかし深山幽谷の趣きを湛える宿は絶景を間近に見せてくれる。会津の奥座敷とも呼びたくなるような湯宿。それがこの「瀧の湯」なのである。

55

ファン必見！天空の電車を見上げる露天風呂

湯けむりの里 柏屋《かしわや》

栃木県日光市／川治《かわじ》温泉

僕は常々、絶景には二種類あると思っている。ひとつは言うまでもなく、大自然が織り成す絶景。そしてもうひとつは、人の力によって築き上げられた造形美。

後者の典型は夜景だろうか。俗に何万ドルの夜景と称して、そのきらめきを讃《たた》えるのは、それだけ多くの人が営みを寄せ合い、生業《なりわい》や暮らしを営々と続けてきたことに美を見出すからだろうと思う。そして、自然が生み出す絶景、人の手によって作り出された絶景。この両方を同時に、しかも温泉に浸かりながら眺めることのできる湯宿がある。その名を「湯けむりの里 柏屋」という。

日光温泉郷にある川治温泉。最寄り駅の川治湯元駅まで通じているのは野岩《やがん》鉄道。渓谷をぬうようにして走るローカル線は、車窓からの眺めの美しさで人気を呼んでいる。その野岩鉄道が、川のはるか上を走る様は圧巻。

天に向かって伸びるような橋脚《きょうきゃく》、雲上を走るかのような電車。ジオラマをも思わせる眺めに加えて、鬼怒川《きぬがわ》と男鹿川《おじかがわ》の勇壮《ゆうそう》な流れが加わり、決して他では見ることのない眺望が得られる。

さらには、そのパノラミックな景色を、まるで川の中に浸かっているような感覚におちいるほど、川にせり出した露天風呂から見ることができるのだから、絶景ファンには堪えられない。

湯量豊富な温泉は、無色透明、無味無臭の単純泉。いくらか温めの湯は長湯を愉しめる。これも絶景の一助になっていて、頻繁《ひんぱん》に行き交うことのないローカル線の列車が来るのを、ぬる湯ならじっと待てる。のんびりと湯浴みしながら時折、高架に目をやる。やがて、ゆっくりと線路を進んでくる電車を見つけ、思わず手を振る。

大きな音を立てて流れる川。そのすぐ傍に建つ宿で渓流を眺めるだけでも得難いことなのに、厳しい自然をものともせず、高架鉄路を作り上げるという人間の偉大な力を目の当たりにできる。これを絶景と呼ばずして、どこを絶景と呼ぼうか。

その眺めを独り占めできる露天風呂を備えた客室まである。新館〈花見亭〉の三三一号室の露天風呂からは、川の流れを眼下に、見上げれば鉄橋と高架鉄路という実に贅沢な眺めが得られる。

この宿には、他に展望大浴場や貸切風呂などもあり、さらには緑豊かな森の中で川の流れを見下ろす足湯まである。絶景に目を休め、温泉で身体をいやす。「湯けむりの里 柏屋」は、日光温泉郷切ってのゴクラク湯宿である。

56

三百の石段を降りた先に岸壁の野天風呂が

湯守田中屋《ゆもりたなかや》

栃木県那須塩原《しおばら》市／塩原温泉

眺めのいい風呂が好きで、無論それが温泉なら嬉しいが、仮に温泉でなくとも、まったく眺望を得られない温泉よりは好ましい、というのが僕のスタンス。本書でも著名な温泉地を選ぶことなく、ただ眺めがいいだけの湯宿をご紹介しているのには、そういうわけがある。

海が見える湯。山を望む湯。わけても川の流れに沿うような渓谷湯が好きだ。川に手が届くような湯船もあれば、谷底を覗き込むような風呂もある。

そんな渓谷沿いの湯で、最も感動し、再訪を期しているのが、那須塩原にある「湯守田中屋」。

この宿の野天風呂を初めて見たときに、よくぞこんな場所に風呂を作ったものだと、ただただ感心し、驚くばかりだった。

東北新幹線の那須塩原駅が最寄り駅。一日一本だが、宿の無料送迎バスが出ているので、これを利用したい。一時間と掛からず宿に着く。

チェックインしたら、早速、野天風呂へ。一旦、宿を出て、道路を渡り、川底に向かって歩く。

石段にして三百、七十メートルほど降りた辺りに、岸壁を利用して作られた湯があり、〈仙郷の湯〉と呼ばれている。

川の流れに点在する大きな岩を眺め、木々の緑から射し込む木漏れ日を受けながら湯に浸かる。

これだけでも川底まで降りてきた価値はあるが、さらに下に降りると、河原に設えられた〈河原の湯〉や、川の中に入っているような錯覚を覚える〈石間の湯〉などもあり、自然と一体になった湯を満喫できる。

三つの湯とも源泉掛け流しの混浴。日本の温泉として、古来の伝統が守られていることも嬉しい。

館内には、他にも〈展望風呂〉や〈渓谷風呂〉もあり、温泉三昧を愉しめる、極みのゴクラク湯宿。

湯上がりの愉しみは、部屋でゆっくりと味わう会席料理と、囲炉裏端で食べる炉端会席の二本立て。好みによって選び分ければいい。

炉端の火を囲んで、串に刺した川魚や三元豚《さんげんとん》にかじりつき、この地ならではの地酒を存分に味わう。

落ち着いた和室から、ツインベッドを備えた和洋室、最上階に設えられた露天風呂つきの特別室まで、豊富なバリエーションから選んだ部屋で、夕餉の後はのんびりとくつろぐ。

宿は日光国立公園特別地域の中にあるから、豊かな自然は折り紙つき。大自然が生み出した景観の中に身を置き、あふれ出る湯にその身を任せる。そこに寄り添うように建つ宿があり、心やすまるひとときを供してくれる。

野趣満点の宿でありながら、調《ととの》った設備で客をもてなす。うまくバランスの取れた佳い宿である。

川底にまで降りて入る「湯守田中屋」の野天風呂

57

大黒屋《だいこくや》

下野《しもつけ》の薬湯と現代アートで心身の保養を

栃木県那須塩原市／板室《いたむろ》温泉

　かつては下野国と呼ばれていた栃木県那須塩原に、板室温泉はある。那須岳の南の麓に位置し、標高はおよそ六百メートル。山峡《さんきょう》の湯として那須七湯のひとつにも数えられる湯治場で、開湯は平安時代の後期と言われている。

　板室温泉は、別名〈杖要《つえい》らずの湯〉とも呼ばれ、それはこの湯治場独特の入浴法に由来する。〈綱の湯〉と言われる入浴法で、綱を温泉小屋の梁に結び、湯の上にそれを垂らし、これをにぎって腰以上の深さまで浸かって湯治をおこなう。

　これを繰り返すと、たちまちのうちに関節痛が快癒し、湯治前は杖を必要とした客も、帰る頃には杖が要らなくなるほどに、効能があったと言われる。

　JR宇都宮線の黒磯《くろいそ》駅が最寄りの駅。ここから板室街道を山手に向かって上り、那《な》珂川《かがわ》沿いに広がる板室温泉にたどり着く頃には、冬なら幾らか雪が深くなってくる。その温泉街の最奥、小高い山の上に板室温泉神社が建っていて、杖が要らなくなるほどに快復した湯治客は、ここを参拝して不要となった杖を置いて帰る風習があったという。〈下野の薬湯〉と称された証であろう。

そんな板室温泉にあって、一風変わった宿として知られているのが「大黒屋」。創業から四百六十年以上を数えるという、伝統ある宿の謳い文句は〈保養とアートの宿〉。保養はよくあるが、アートが珍しい。菅木志雄《すがきしお》、丑久保健一《うしくぼけんいち》、渡辺豊重《わたなべとよしげ》らの現代アートが、宿のそこかしこで展開され、客の目を愉しませる。アート数寄者は目を細め、知らず訪れた湯治客は大きく目を見開き、驚きの声を上げる。

なぜ、温泉旅館で現代アートなのか。

――それは、アートの持つエネルギーが我々の持つ美意識に働きかけてくれるからです。日常忘れかけている心の美に気づき、それに触れるとき…我々は本当の自分に出会えるのではないでしょうか。――

宿のホームページにそう記されている。自然とアートが調和する空間でリフレッシュする。泊まってみると、たしかにそれを実感することができる。

薬湯とまで称された板室の湯を引いた宿の風呂は、意外にもスタンダードな設えで、落ち着いて湯浴みできる。とりわけ那珂川のせせらぎが目の前に迫る〈露天の湯〉などは、自然と一体になれる心地いい露天風呂。旅は非日常を愉しむ時間。普段あまり目にすることのないアートに触れ、自然が生み出した湯を堪能する。心と身体をリセットするゴクラク湯宿。ぜひ、一度体験してみてほしい。

58

リバーリトリート雅《が》樂《ら》倶《く》

アーティスティックな川辺の隠れ宿

富山県富山市／春日温泉

今から十五年ほども前、住み心地のよさでは定評のある富山県には、泊まり心地のいい宿は決して多くはなかった。帯に短し襷《たすき》に長し、と言えば失礼かもしれないが、泊まってみたいと思わせる宿を見つけるのは極めて困難だった。

そんな富山で、佇まい美しく、居心地よく、味わい極めて深く。そんな宿が産声を上げたのは二〇〇〇年のこと。宿の名は「リバーリトリート雅樂倶」。

ＪＲ富山駅から南へ、車なら三十分ほどで着くアーバンリゾート。神通峡《じんづうきょう》を望む春日温泉にその宿はある。

斬新なデザインを駆使したセンシティブな空間と、北陸随一を誇る美食レストランで、一躍その名をとどろかせた宿は、オープン五年後にさらなる飛躍を遂げ、アーティスティックな空間を持つ宿として高い評価を得ることになる。

リバーリトリート。つまりは川辺の隠れ家。宿の名が示す通り、場所こそ目立たないものの、宿の中の設えは他を圧する。

玄関を入ってすぐ、広大な吹き抜けを持つメインロビーの迫力に、まずは圧倒され

「リバーリトリート雅樂倶」は広々とした部屋も魅力の一つ

る。神通峡がパノラミックに広がる大きな窓。カッシーナのソファ。校倉積《あぜくら》みにされたコンクリートブロック。

まるで美術館のような空間に身を置くと、ふと、ここが宿だということを忘れてしまいそうになる。

当然のことながら、客室もまた、圧倒的なスケール感。案内された一一一号室は、部屋も眺めも広々としていて、隠れ家という名にふさわしい空間。

作家によって造られた庭を横目に、玄関から入ると、その庭に面した和室があり、居心地のいい居間となる。その隣にはツインベッドを備えた寝室があり、その奥の広いリビングルームへと続く。

リビングルームには、デイベッドを兼ねたソファ、小上がりのような和室があり、神通峡を望むテラスと檜風呂が一番奥に並んでいる。

この風呂も開放感にあふれ、湯浴みには最適だが、館内にはゴクラク湯を愉しめるスペースがいくつもあるので、ぜひとも足を運びたい。

内湯、露天風呂、打たせ湯、檜風呂を備えた〈湯どころ〉は、温泉大浴場といったところ。落ち着いて湯浴みを愉しめる。

そしてもうひとつ、六つのバススタイルを備えた〈スプリングデイスパ〉。室内プールのような明るく開放的な空間で、伸び伸びと湯浴みを愉しめる。

湯上がりの食事にも抜かりはなく、富山切っての美食を堪能できる。「リバーリトリート雅樂倶」は、北陸新幹線が開通したことで、さらなる人気を呼ぶに違いない宿だ。

59

湖越しの富士山を、露天から飽くことなく

湖山亭《こざんてい》うぶや

山梨県富士河口湖町／河口湖温泉

ゴクラク湯宿の中でも、ひときわゴクラク度が高いのは絶景温泉。かつて僕が出演していた番組の名は、その名もズバリ「絶景温泉」。毎回テーマを絞って、絶景温泉の宿を紹介する番組。

その記念すべき第一回のテーマは富士山。放送された時点では、まだ世界遺産に登録されてはいなかったが、日本を代表する絶景といえば、まずは富士山だろうと即座に意見が一致した。

宿を選ぶ段階になって、真っ先に挙げたのが「湖山亭うぶや」。富士山を眺めながらの湯宿と言えば、ここを外すわけにはいかない。

先刻ご承知のように、富士山の眺めは南の静岡側と、北の山梨側に分かれる。さて、どちらが表で、どちらが裏か。

郷土愛に満ちた両県ゆえ、どちらも表を主張して譲らないようなので、そこには触れずにおくが、多くが見慣れているのは静岡側であることは間違いなく、それは東海道新幹線から望む機会が圧倒的に多いせいだろう。

河口湖の東端、産屋ヶ崎《うぶやがさき》に建つ「湖山亭うぶや」からは、湖越しに富士山を眺めることができ、まさしく絶景である。

いつも清潔に保たれている大浴場、付設の露天風呂からの眺めも素晴らしいが、叶うなら露天風呂のついた部屋を取り、河口湖越しの富士山をひとり占めしたい。五〇一号室。露天風呂つき特別室。一生に一度は泊まってみたい部屋と言えば、この部屋を思い出す。

この宿が建つ場所は、湖が狭くなっているので、対岸が近くに見える。その奥にそびえ立つ富士山の眺めと言えば、それはもう、ため息が出るほど美しい。広々とした裾野、優美な円錐形《えんすいけい》を作る山の姿。頂に雪を抱けば、まさに絵に描いたような富士山を、湯に浸かりながら、飽かず眺めることができる。

そして湯上がり。この宿のもうひとつの愉しみは食。様々なコースが用意されているが、僕のおすすめは、うぶや名物のすき焼き。

食事処で、料理長自らが目の前で仕上げてくれるすき焼きは、厳選された牛肉に独特の味つけがされ、味の変化を愉しめるという贅沢な料理。

富士山。温泉。すき焼き。日本に生まれてよかった、と誰もが思える宿、それが「湖山亭うぶや」である。

60

諏訪湖を一望できる、ひとり客歓迎の老舗

油屋旅館

長野県諏訪市／上諏訪温泉

ひとり旅人気は高まる一方で、旅雑誌がひとり旅を特集すると、売れ行きが大幅に伸びるのだそうだ。

それはきっと、ひとり旅の情報が少ないからだろうと思う。とりわけ、ひとりで泊まれる宿については、実情がわかりづらい。

ビジネスホテルなら何の問題もなく、ひとりで泊まれるし、シティホテルも、割高にはなるが、ツインでもシングルユースという形を取れば、ひとり客でも快く受け入れてくれる。問題は旅館である。

かつては自殺されるのを嫌って、などと、いろんな理由をつけて、ひとり客を避けていたのが日本の旅館である。

だが、本音としては効率が悪く、有り体に言えば、ひとり客は儲《もう》けが薄いから、できれば断りたいのだろうと思う。

それもこれも、元来、日本旅館のひと部屋あたりの定員が四名というのが当たり前で、五名、六名という部屋も珍しくないからであろう。つまりは、四人泊まることを想定して、客単価を決めていることになる。

それがひとり客だと、収入が四分の一になるのだから、避けたくなるのは当然なのかもしれない。

近年は旅のスタイルが大きく変化してきて、団体旅行は減る一方、夫婦ふたり旅が圧倒的に増えてきたから、ふたり客なら歓迎されなくもないが、未だに多くの旅館はひとり客を嫌う。

ホームページなどで、〈ひとり客も可〉と書いてあっても、あくまで可、であって、喜んで受け入れてくれるとは限らない。

そんな中で、ひとり旅歓迎、とはっきり謳っている宿が信州は上諏訪温泉にあり、宿の名を「油屋旅館」という。JR中央本線、上諏訪駅から歩いて五分という便利な場所にあって、創業百年を越える老舗旅館。諏訪湖を一望する露天風呂で人気の宿である。

〈一人旅・おひとりさまウェルカム！【お部屋食】選べる夕食プラン〉という宿泊プランがあるのだから、かなり本気だ。少々値段は高くなるが、新館の諏訪湖が見える広めの部屋に泊まることもでき、贅沢なひとり旅を過ごせる。

そして温泉。〈天空の湯〉と名づけられた展望露天風呂が素晴らしい。諏訪湖を眼

「油屋旅館」の〈天空の湯〉から、諏訪湖を眼下に遠く北アルプスが映える夕景

下に、遠く北アルプスまで望める湯は、上諏訪温泉でも珍しい自家源泉。

じっくりと湯に身体を浸し、晴れ晴れとした気分で部屋に戻ると、食事の支度が始まっている。ひとり客でも部屋食を用意してくれるのが何とも嬉しい。

温泉ひとり旅に出たくなったら、迷わず「油屋旅館」へ。快適なひとり旅になることは間違いない。

61

雨の時季、旅先に困ったら中伊豆の当館へ

アルカナ イズ

静岡県伊豆市／湯ケ島《ゆがしま》温泉

伊豆半島を地図で見ると、僕はいつも苺《いちご》を思い浮かべてしまう。おしりが南伊豆で、ヘタが箱根の緑。東と西の伊豆を両端に、真ん中のこんもり盛り上がったところが中伊豆。一番おいしいところだ。

同じ伊豆でありながら、それぞれ空気も異なれば、気候も違う。東西と南の伊豆は陽光がきらめき、波音が聞こえてきそうな海が似合う。

中で、ひとり中伊豆だけは様相が異なり、深い緑にしとしとと降る雨が似合う。情緒深さで言えば、他を圧して伊豆で一番だろうと思う。

そんな中伊豆で、趣き深いゴクラク湯宿となれば、真っ先に頭に浮かぶのが「アルカナ イズ」。湯ヶ島温泉にあって、スタイリッシュな佇まいと洗練された美食で人気の高い宿である。

伊豆箱根鉄道の修善寺駅が最寄りの駅になるだろうか。そこから車で二十分ほど。目立たぬ表構えに多くが通り過ぎてしまう。派手な看板もなく、宿とは思えないほどにシンプルな外観は、中伊豆らしい落ち着きを持ち、静かに客を迎え入れる。

十六の客室はすべてがスイート仕様。どの部屋にも露天風呂がつき、したがって大浴場は設けていない。客室はいくつかのタイプに分かれるが、僕が泊まったのは〈リバーウィング・スイート〉と呼ばれる部屋で、狩野川《かのがわ》の流れを一望しながら湯浴みできる露天風呂がついている。

七十四平米を超えるという広いスペースには、ハリウッドツインのベッドが置かれ、リビングスペース、シャワーブースを備えたパウダールームと、ちょっとした仕事のできるライティングデスクが備わっている。どこにいても川のせせらぎが聞こえてくるのが、この部屋の最大の特色。

広いバルコニーに設えられた露天風呂に入る。目の前は端から端まですべて緑。見下ろせば狩野川の流れが上から下へと滑っていく。

旅先で、普通なら好天を願うだろうが、この宿に限っては、雨降りも趣き深い。雨を含んだ緑は鮮やかに、水を得て、川の流れも力強さを増す。湯船から手を伸ばし、雨を手のひらに受けてみる。太古の昔から繰り返されてきたただろう自然の営みを肌で感じ、目に焼きつける。

湯を満喫した後はレストランで美食三昧。全長十三メートルにも及ぶカウンター席で伊豆の美味に酔う。中伊豆切ってのゴクラク湯宿だ。

62

琵《び》琶《わ》湖《こ》ホテル

広大な湖畔に佇む名門ホテルの天然温泉

滋賀県大津市

遠く海から離れて暮らす京都人にとって、琵琶湖は海よりもはるかに身近に親しむ水辺となっている。近江の国というのは、京都人にはまさしく実感できる言葉であって、近しい江《うみ》なのである。

子供の頃などは、琵琶湖で泳ぐことを海水浴という友だちは、決して少なくなかったし、琵琶湖岸の砂浜にはビーチという名称がついていたりもした。都に住む人々にとって、近江は最も身近なリゾートという位置づけであり、それは平安の頃から今に至るまで、ずっと続いている。

湖東は少しばかり遠く、湖西はうんと近い。山をひとつ越えれば、そこはもう琵琶湖。京都とはまるで違う景色を見せてくれる。

そんな琵琶湖の湖西にあって、迎賓館《げいひんかん》的役割を果たしてきたのが「琵琶湖ホテル」。古くは柳《やな》が崎《さき》にあって、雅なクラシック建築で知られ、京都人にも憧れの的だった。近代化産業遺産に指定された初代のホテルは、今は〈びわ湖大津館〉と名づけられた文化施設となり、ホテルは一九九八年に現在の浜大津《はまおおつ》に移転した。

旧建築を惜しむ声もあったが、それを上回る人気となったのが天然温泉である。京都市内から地下鉄を乗り継いで行ける近さに、温泉の湧く名門リゾートホテルがある。これは京都人には実に有難い存在で、海と見紛うほど広大な湖を見下ろしながら、温泉に入れるとあって、その人気は高まる一方だ。

ホテルの四階にある温泉は〈るりの湯〉と呼ばれていて、客室からは浴衣がけで行けるのがありがたい。

内湯も露天風呂もレイクビュー。穏やかな湖面を眺めながら、ゆったりと湯に浸かれる。名門ホテルの大浴場だけあって、いつも清潔に保たれているのも嬉しい。

さほど泉質にこだわらない僕だが、清潔度にはうるさい。桶や椅子、シャンプー類などがいつもきちんと整頓《せいとん》されていて、風呂の内外とも綺麗に整っていないと、せっかくの温泉が台無しになってしまうと思うのだが、無頓着《むとんちゃく》な宿も少なくない。その点でも、この〈るりの湯〉は他を圧して優れている。

元来がリゾートホテルなのだから、おいしいものがたくさん備わっている。和洋数箇所のレストランで豊富にそろった料理を、温泉の湯上がりに食べられるのは貴重。

近江探訪のみならず、京都観光の宿としても使い勝手がいい。京都プラス温泉リゾート。新しい旅の形にふさわしいゴクラク湯宿である。

63

戦国武者の傷をいやした琵琶湖のゴクラク湯

旅館 紅鮎《べにあゆ》

滋賀県長浜市／尾上《おのえ》温泉

日本最大の湖である琵琶湖は、大きく湖北と湖南に分かれる。比較的穏やかな気候の湖南に比べて、湖北は冬の寒さも厳しく、深い雪に覆われることも少なくない。となれば、いやが上にも湯が恋しくなるところだが、湖北には存外温泉は少ない。というより、琵琶湖周辺では、あまり温泉が湧き出ないようだ。その名をよく知られた雄琴《おごと》温泉や、本書でも紹介している琵琶湖ホテルの温泉など、主だった温泉は湖南の大津近辺に限られている。

穏やかな琵琶湖の水面を眺めながら、ゆったりと湯に浸かれる、そんな貴重な宿が湖北の長浜市にある。

温泉の名は尾上温泉。そこに建つ一軒宿が「紅鮎」。尾上という集落で、神社の手洗いを作るための井戸を掘っていた際、偶然、温泉が見つかったのは昭和三十三年だというから、さほど古い話ではない。

ＪＲ北陸本線の高月駅が最寄り駅。東海道新幹線の米原《まいばら》駅から在来線に乗り換え、湖東を北上すると、周りの景色が少しずつ変わり始め、湖畔に植わる木々の緑が濃くなり、水面を舞う水鳥の姿を多く見かけるようになる。

湖北に近い一軒宿。どんなにひなびた宿かと思えば、鉄筋三階建ての立派な建築で、十数室の客室からは間近に琵琶湖を眺めることができる。

部屋にも風呂はついているが、やはり温泉大浴場がいい。二階と三階に分かれ、それぞれ男女別に露天風呂のついた見晴らしのいい展望浴場である。

二階の〈来福の湯〉。沖合に浮かぶ竹生島《ちくぶしま》を眺めながらの湯浴みは、神々しくも心地いい。温泉の歴史こそ浅いが、泉質はなかなかのもので、薄く黄金色に染まる湯は、じわじわ、ぬくぬくと温まってくる。

この宿から少し北に上ると賤ヶ岳《しずがたけ》がある。羽柴秀吉と柴田勝家が激しい戦いを繰り広げた地。この合戦で傷ついた多くの敗残兵たちが、この湯で傷をいやしたとの言い伝えもある。そう聞けば有り難みも増すというもの。

湯上がりの夕食。立地を活かした湖魚料理がいい。初夏から秋まではアユ。その後に続くモロコ。さらにはイサザやフナなど。琵琶湖の恵みをふんだんに使った料理は、まさに近江ならでは。

魚が苦手な向きには近江牛もある。近年ますます世評の高くなった近江の地酒をお供にすれば、美味美酒尽しの夕餉となる。湖北にもまた、ゴクラク湯があるのだ。

第6章

湯上がり後の食、期待に応える宿

64

名月荘《めいげつそう》

カウンターで供される極上の山形料理

山形県上山市《かみのやま》／葉山温泉

宿の食事、取り分け日本旅館のそれは、とかく画一的になりがちである。並び切らないほどの皿や鉢が卓上を埋め尽くす。そんな時代から、一品、一品運ばれてくるようになったものの、肝心の料理はと言えば、さほど代わり映えしない。

何より、日本中どこへ行っても〝季節の京懐石風〟というのが情けない。

そこへこの「名月荘」。元々が料理に定評のあった宿の新たな展開は、なんとカウンタースタイルの食事である。京都の割烹と見紛う瀟洒な佇まい。その中に身を置き、山形の里らしい夕餉を摂ることができる。食いしん坊にとって、無上の喜び。宿での過ごし方が大きく変わる。

山形新幹線のかみのやま温泉駅を経て、「名月荘」に着く。大仰に過ぎない玄関を潜り、長い廊下を伝って部屋へと向かう。ただ広さだけを自慢するのではなく、使い勝手を優先して設えられた客室には、露天風呂が備わっている。

広々とした大浴場もいいが、誰に気兼ねすることなく、存分に湯を愉しめる部屋風呂が心地いい。目に青葉、そよ吹く風が頬《ほほ》をなでる。湯を肌に滑らせる。火照りを冷ますうち、やがて湯宿は宵闇《よいやみ》に包まれる。いざ食事処へ。

カウンター席に着く。まずはシャンパーニュで喉をうるおす。この宿は、日本旅館では珍しい、本格的なワインセラーを備えているのだ。先付は山形ウルイとホタルイカ。蕗味噌《ふきみそ》で味わう。椀ものはホワイトアスパラのすり流し。ここが、みちのくの温泉宿だということを忘れてしまいそう。滋味深い山形の食材に何度もうなった。

サクラダイ、サクラマス、山形牛と、この地ならではの料理が次々と繰り出され、泡はやがて赤ワインへと切り替わる。山形の地ワインは個性豊か。地の食材と酒を合わせる愉しみを与えてくれる。あるいは日本酒にも、優れて飲み飽きない酒をかもす蔵が多くあり、料理に合わせて飲み分けるのもいい。

いずれにせよ、客室で部屋出しされるのと同じ内容の料理であっても、まったく空気が異なる。時間の流れ方が違う。とことん、くつろいで食べたいなら部屋食。いくばくかの緊張感を持って食事したいならカウンター席。

日本旅館の多くが、選択の余地を与えないことで客を遠ざけている。部屋を選び、食の時間と場所を選択し、その内容までも選べれば、日本旅館の魅力は倍加するに違いない。その手本を示しているのが、この「名月荘」。日本旅館を苦手としている人にも訪ねてほしい湯宿だ。

65

温泉情緒を湛える宿で頂く田舎のご馳走

村のホテル住吉屋《すみよしや》

長野県野沢温泉村／野沢温泉

野沢温泉と聞いて、誰もが真っ先に思い浮かべるのは、きっと野沢菜漬だろう。しゃきしゃきした歯応えと独特の酸味で、信州土産としてのみならず、全国的に広がる漬物界の大御所。

大抵は年中売られているが、野沢菜にも旬があり、春菜、秋菜、間引き菜、浅漬、古漬と、季節ごとに味わい分けるのが、本来の野沢菜の愉しみ方。

そう僕に教えてくれたのは、野沢温泉にあって多くの温泉ファンから支持されている「村のホテル住吉屋」の先代主人。明治二年に創業され、大正、昭和、そして平成と、変わらぬ温泉情緒を湛え続けてきた宿としてつとに名高い。

長野新幹線の長野駅から野沢温泉行きのバスに乗ること、一時間と十五分ばかり。〈村の〉と宿の名にあるように、そこは野沢温泉村。目指す宿は、もうもうと湯けむりを上げる麻釜《おがま》のすぐ目の前にある。

麻釜は野沢温泉を代表する外湯で、古く江戸時代から、湯仲間という制度によって守られてきた。当然のことながら天然温泉掛け流し。きちんと管理され、温泉はいつも清潔に保たれているのが嬉しい。「村のホテル住吉屋」に泊まれば、この麻釜にも気軽に入れる。

余談になるが、この麻釜でゆで上げたアケビの蔓《つる》だけを使って編み上げた鳩車《はとぐるま》という郷土玩具《きょうどがんぐ》。今でこそ信州を代表する土産物として名高いが、これを最初に作ったのがこの宿の初代主人だということは、存外知られていない。

爾来、百年を優に越える歴史をつむいできて、先代主人が〈村のホテル〉と名づけたように、鄙の湯宿にホテルの機能性をも加味した宿に創り上げ、今に至っている。

木造三階建て。十三の客室は、どれもが異なる造りで、素朴で山里らしい雰囲気が感じられる。

宿の内湯はふたつあり、〈釜辺の湯〉と名づけられている。外湯とはまた違った風情が愉しめるレトロムードに包まれた風呂。モザイクタイルが貼られた丸い浴槽には、幾分熱めの湯がたっぷりと注がれ、野沢らしい湯を堪能できる。

湯上がりのお愉しみ。宿の夕餉は二本立てになっていて、奥信濃の山里らしさに満ちた会席料理と、この地に古くから伝わる郷土料理の〈取り回し鉢〉。

地物の野菜を使った田舎のご馳走が実においしい。鄙の味、鄙の湯。日本人の心の故郷とも呼びたくなるような湯宿である。

66

和田屋《わたや》

湯上がり後は、囲炉裏を囲んで四季の幸

石川県白山市《はくさんし》

石川県白山市鶴来《つるぎ》。その地名を聞いて、ゴクリと喉を鳴らした人は、きっと相当な左党だろう。〈菊姫〉〈萬歳楽〉を始めとして、白山市には〈天狗舞〉や〈手取川〉など加賀の銘酒《めいしゅ》がずらりと蔵を並べている。

今でこそワイン一辺倒になったが、かつては筋金入りの日本酒党で、日本各地の蔵元を訪ね歩いた。中でも鶴来には幾度も足を運び、希少な酒を買い求めた。

その際に見つけた宿には、ワイン党に転向した後も通い詰めている。宿の名は「和田屋」で、白山神社の総本山〈白山比咩《しらやまひめ》神社〉のすぐ傍に建っている。

金沢からおよそ三十分。金沢の奥座敷といった立地で、何よりも白山信仰の要に隣接しているところが、この宿の最大の特徴だろう。

境内の奥に続く緑が目印。ひっそりと佇む二階屋は、鶴来の隠れ家と称されるほど風情満点の宿。

社の境内から石段を降り、大きな暖簾を潜って玄関を上る。古民家然とした廊下をたどり客室へ。

囲炉裏を囲んでの夕餉は日本酒と共に。加賀の銘酒がそろっている

正しい日本の宿を今に伝える畳敷の部屋には、すべて縁側に囲炉裏がついているという珍しい造り。

誰もがその姿を懐かしみ、真っ先に囲炉裏端に座り込むが、これはただ郷愁を誘うための装置ではなく、この宿には欠かせない設備なのだ。

それは後で解き明かすとして、まずは風呂へと向かう。部屋には風呂は無論、トイレもついていない。

これもまた、昔ながらの宿の有り様で、タオルを首からさげて別棟の風呂に向かう足取りは軽い。

温泉ではないが、里を見下ろす眺めといい、地下水をくみ上げて沸《わ》かしたという湯の心地よさといい、近隣の加賀温泉に勝るとも劣らないゴクラク湯である。湯船に薬草が入ったりすれば、その効能にまで期待が及ぶ。

さて、湯上がりのお愉しみは部屋で待っている。

四季折々、山里の滋味豊かな幸が食膳に上る。春なら山菜や川マス、夏ともなれば清流を躍っていたアユ、秋はキノコや根菜、冬になればキジやイノシシ、クマなどの和風ジビエが膳を彩る。そこで部屋の囲炉裏である。

たとえば夏。頃よきを見計らって板前さんが現れ、囲炉裏の炭火でアユを焼いてくれる。今風に言えばシェフズテーブル。もちろん、お供は鶴来の地酒。これほどの贅沢は他の宿ではなかなか味わえない。北陸新幹線を使えば東京からわずか三時間で、この隠れ宿に着く。

67

フレンチと温泉の絶妙なマッチング

オーベルジュ花季《はなごよみ》

静岡県伊東市／伊東温泉

　東伊豆の中ほど。伊東と言えば、熱海に次ぐ温泉地としてよく知られている。関西地方でも流れていたから、さぞや首都圏ではよくその名が知られているのだろう。伊東に行くなら……。

　そんな大型旅館の多い伊東にあって、部屋数わずかにふたつ、という至極小さな旅館があった。あった、と過去形で書いたのは、今はオーベルジュに名を変えたからであって、なくなったわけではない。

「オーベルジュ花季」は南伊東にあり、駅から少し離れた大川沿いに建つ三階建ての小さな宿である。

　小高く急峻な丘陵《きゅうりょう》と大川に挟まれて建つ宿は、ふた棟に分かれていて、向かって左側の棟の二階と三階にひと部屋ずつあり、つまりは一日ふた組しか泊まれない。

　シンプルな造りの和室に、それぞれ温泉を引いた檜風呂がついている。小さな宿だから大浴場はないが、その代わり、いつでも好きなときに入れる温泉があるという寸法だ。

普通なら浴衣に着替えて、スリッパを履いて大浴場へとなるところだが、すべてショートカットして、部屋に入るなり裸になって、湯船にざぶん。これぞ、この宿の醍醐味。

文庫本でも持ち込んで、じっくりと湯船に浸かるのもいいし、時には缶ビールをプシュッと開けるのも、部屋風呂ならではの愉しみ。

食事は朝夕とも階下の食事処で供される。旅館からオーベルジュへと名を変えたくらいだから、料理の充実度は極めて高い。

いわゆる旅館料理とはまったく異なり、フレンチの技法も取り入れたセンシティブな創作料理。

シェフは女性で、サービス担当は母上、旅館時代からの名物〈おばあちゃんの胡麻豆腐〉を作るのはお祖母ちゃん。つまりは女三代の食を堪能できる宿だった。お祖母ちゃん亡き後は女二代となったが、味わい深さは変わることがない。

座敷に設えられたテーブル席で、ワインと一緒に料理を味わっていると、ふとここが西麻布辺りのレストランではなかったかと錯覚するほどに、スタイリッシュな料理が次々と繰り出される。

オーベルジュという宿の形は、まだまだ日本では少ないが、宿泊できるレストラン

「オーベルジュ花季」のスイーツは味よし、見た目よし

は、きっとこれから人気を呼ぶに違いない。そこにゴクラク湯があれば何も言うことはない。

旨し食と心地いい湯。愉しみ尽くして後は寝るだけ。これぞ幸せの極み。

68

旅《たび》師《し》の宿やかた

露天風呂から海の幸まで、豪勢かつ豪快

静岡県河津《かわづ》町／伊豆河津温泉

伊豆半島は温泉の宝庫と言ってもいい。東も西も中伊豆も、あちこちで温泉が湧き出ていて、そこかしこから湯煙が上がっている。その伊豆半島の南端に近い河津。早咲きの河津桜で知られ、本州でいち早く春到来を告げる地である。

河津にちょっと面白い宿があるよ、と友人に教えられ、初めてその宿を訪ねたのは、もう三十年以上も前のことになる。

たしかに面白い宿だった。当時は「清水沢旅館」という名で、とにもかくにも痛快な主人の強烈な個性に魅《ひ》かれた。

小高い丘の上に建つ宿は、旅館といっても、豪華な設備があるわけでもなく、玄関のすぐ横に生《い》け簀《す》代わりの水槽があり、その前には囲炉裏を備えた小上がりのような畳の間があるという、至って庶民的なもので、民宿のような雰囲気があった。

河津は海沿いの町だから、料理は当然ながら魚。アワビ、イセエビ、ヒラメなど、格安の宿代とは到底釣り合わないだろう豪勢な海の幸が並んだ。

どう考えても食べ切れない量の船盛りを前にして、とまどっている僕に、宿の主人が言った。

「刺身なんてものは、すぐに飽きちまうから、残しちゃっていいよ」

火を通せば飽きずに食べられるからと、出汁《だし》を張った土鍋をコンロごと僕の前に置いた。一事が万事、そんな風に豪快な主人の人柄にほれ込んで幾度となく通った宿。

その後、移転し、宿の名を「旅師の宿やかた」と変えた。

場所も名前も変わったが、中身は同じで、主人の豪快さにも一層磨きがかかった。

この宿のゴクラク湯は、一艘《そう》の船を使った露天風呂である。実際に使っていた網船《あみぶね》を港から運び上げ、露天風呂に仕立てたという。これを港から運んできたときのエピソードも痛快で、囲炉裏端でそんな逸話《いつわ》を聞くのも、この宿の愉しみのひとつ。

その船に張られる湯は、河津町で集中管理されている源泉から引かれていて、内風呂やシャワーにも同じ温泉が使われるという贅沢さ。無味無臭で、塩分の少ないさらりとした湯は、肌触りもやさしく、湯上がりの心地よさも特筆もの。

時は流れ、代替わりしたが、先代のＤＮＡはしっかりと受け継がれ、その豪快さはまったく変わることがない。

いい湯に入って、旨いものを食べ、ぐっすり眠る。そんな宿の原点をずっと守り続けている宿。それが「旅師の宿やかた」である。

69

昭和の風情が残る湯宿で、極上のフグ料理を
和味《なごみ》の宿　角上楼《かくじょうろう》

愛知県田原市

渥美《あつみ》半島。まず頭に浮かぶのは、椰子《やし》の実が流れ着く伊良湖岬《いらごみさき》。島崎藤村の詩は、唄にも歌われ、誰もがその一節を覚えている。いかにも気候温暖で、風光明媚《ふうこうめいび》な地だろうと、容易に想像がつく。

そのすぐ近くに、昭和の香りを今に残す宿が建っている。名を「角上楼」と言い、潮風が漂う場所にありながら、海を間近に眺めるわけでもなく、取り立てて近くに観光名所があるのでもない。

無論のこと、温泉などは湧き出ておらず、しかし年間を通じて、客足が絶えることなく、長く人気を保ち続けている。何とも不思議な宿である。

だが、ひと度泊まってみると、なるほどと納得する理由がいくつかあって、二度三度と繰り返して泊まるハメになる。

「角上楼」人気の秘密。その第一は宿の佇まいにある。

漁村に迷い込んだのかと思うような、狭くひなびたアプローチを抜け、玄関のガラス戸を開けると、昔ながらの宿屋の空気に満ちていて、初めて訪れたとしても懐かし

「和味の宿 角上楼」では極上のフグ料理を味わえる

さを感じるに違いない。
かつて日本の宿と言えば、どこもがこんなふうだったという設えで客を温かく迎え入れる。
しかし客室に案内されると、今様の設備をちゃんと調え、快適な滞在を約してくれるだろうと、客は安堵《あんど》する。そこには主人や女将たちの思いが深く込められているからであって、それを感じ取るからこそ、客は一様に笑顔を浮かべるのだ。
ふたつには湯の力。別棟に設えられた大浴場にあふれる湯は、温泉ではないにもかかわらず、不思議なぬくもりと肌触りを持ち、ゆるゆると、心と身体を解きほぐしてくれる。

さらには、僕の気に入りの客室である〈月〉の間に置かれた猫足のバスタブなどは、得も言われぬ開放感があって、この風呂に入ることを一番の愉しみにして泊まるくらいである。

三つ目。この宿最大の魅力は食である。春夏秋冬。年間を通して、三河湾の豊かな幸が食膳に上り、他の宿では味わえない料理に舌鼓を打つことになる。とりわけ冬のフグ料理などは、鄙の地だからこその真っ当な価格で供され、そのあまりの旨さに誰もが舌を巻く。

ぐっすりと休んだ後の朝食もまた、これぞ日本旅館のお手本とも言うべき朝ご飯。新幹線の駅からも、高速道路のインターからも遠い宿だが、それをものともせずに通い詰める客が多く存することに納得の宿である。

70

はづ木

身体が芯から喜ぶ、川沿いの露天と薬膳料理

愛知県新城市／湯谷《ゆや》温泉

東海道新幹線の豊橋《とよはし》駅からJR飯田線に乗り換える。飯田線と言えば、鉄道ファンお馴染みの路線で、秘境駅の宝庫とされている。

当然のように単線である。森の中を、住宅地の傍を、緩やかなカーブを描きながら、のんびりと走る。

いくつもの踏切を越えて、ようやく湯谷温泉駅に着く。わずか三十キロほどの距離なのに、豊橋から一時間以上掛かるというのも、ローカル線の旅らしくていいのかもしれない。

見渡せば、小さな駅舎の周りには、ぽつり、ぽつりと旅館が建ち、土産物屋でも飲食店でもない、普通の民家がその合間を埋めている。

そんな駅から、ものの二分も歩けば、目指す宿の前に立つ。宿の名は「はづ木」。黒塀に囲まれた木造二階屋。宿というよりは、瀟洒な料亭といった雰囲気だ。

ウェルカムドリンクは、抹茶でも、コーヒーでもなく、ハーブティーと中国小菓子。この宿は薬膳料理を出すことで知られ、ここから既に健康志向が始まっているのだ。

とかく温泉宿というものは、享楽《きょうらく》的になりがちで、温泉そのものはともかく、暴飲暴食に走る向きも少なくない。健康とは縁が薄い気がする。

はて、どんな時間が待ち受けているのか。

宿のすぐ裏を流れる宇連川《うれがわ》を見下ろす、広々とした部屋で一休みした後、まずは身体を外から健やかにする温泉へと向かう。

川沿いの露天風呂というのは、実に心を穏やかにし、伸びやかな心地を与えてくれる。眼下に川面を見下ろし、湯には緑と青空が映る。川面を渡ってくるさわやかな風。しっとりと肌にまとわる湯。たしかに健やかになってきた気がする。

さて、メインイベントである、薬膳料理の夕餉。まずは〈不老養顔髭〉なる、〃人を若く綺麗にする老酒〃から始まる。薬膳料理と聞いて、漢方薬っぽい味をイメージしていたが、上品な中華料理といった風で、旨みもしっかり利いている。身体の前に、まず舌が喜んでいる。

鶏の胸肉スープは、まさに滋味あふれる深い味わい。この辺りから、じわじわと身体に効いてくる、ような気がする。

血圧を調整する効能があるそうだから、高血圧の持病を持つ僕にはピッタリだ。紅花の入ったエビの炒めものから、白きくらげのデザートまで、次から次へと繰り出さ

ぜひ「はづ木」では薬膳酒を。これが眼前の景観と相まって美味

れる薬膳料理は、何よりも、実においしい。

身体によくて、おいしいのだから、何ほどの不足もない。温泉で外から、薬膳で内から、健康な身体を作ってくれる「はづ木」こそがゴクラク湯宿なのである。

71

温泉後の美食は洗練された肉か、清冽な魚か

八《や》ツ《つ》三《さん》館《かん》

岐阜県飛騨市／桃源郷《とうげんきょう》温泉

飛騨古川。日本の原風景とも呼びたくなる風情漂う街に「八ツ三館」という宿がある。ちょっと風変わりな宿の名は、越中八尾《えっちゅうやつお》から飛騨の地に移り住んだ創業者の名に由来している。そう言えば、街の中を清らかな水が流れ、さらさらと水音を立てているところなど、八尾と古川はよく似た街並みを作っている。

そんなことに思いを馳せながら、昔ながらの門を潜り、ガラガラとガラス戸を開ける。これぞ日本の宿。最初に通された応接室に漂う空気は、鹿鳴館《ろくめいかん》のような風情。昭和十年の建築だと言い、往時の贅を感じさせる。

二十一ある客室は、すべて趣きが異なり、明治三十八年に再建され、国登録有形文化財にも指定されている〈招月楼〉から、昭和初期の数寄屋を改築し、モダンなデザインに生まれ変わった半露天つきの〈光月楼 池月〉まで、よく手入れの行き届いた部屋がそろう。案内されたのは、その〈池月〉の間。

暖炉を備えたリビングルーム、ツインベッドルーム、八畳の和室に加えて、広々とした露天風呂がついている、七十六平米もある広い部屋。まずは一枚岩をくり貫いた

という、御影石の丸い露天風呂にざぶん。

地下水を沸かした湯は、肌触りもなめらかで、これでも充分ゴクラク湯なのだが、さらに館内には、八箇所の温泉浴場があるのも嬉しく、どの湯に入るか迷うほど。〈せせらぎの湯〉に入ってみる。大浴場には、桃源郷温泉から送られてきた湯が張られ、外には屋根つきの露天風呂がある。さらには五右衛門風呂風の釜風呂やジェットバスもあり、まさに湯三昧を愉しめる。

泉質は弱アルカリ性単純泉。筋肉痛や神経痛に効果があるという。大きな岩や木々の緑を眺めながら浸かっていると、じわじわと効いてくる気がする。

野趣あふれる露天風呂で旅の疲れをいやした後は、待ちかねた夕食。食事は庭に面した食事処で供される。和蝋燭の灯りに導かれ、個室に入ると、庭の篝火《かがりび》が迎えてくれる。幽玄の世界での夕餉。山里ならではのひなびた料理と、長い歴史につちかわれた洗練の料理が混在し、食べる愉しみを存分に与えてくれる。取り分け、この地で育てられたという飛騨牛の旨さは、群を抜いている。

初夏から秋にかけてはアユ。清冽な香りを放つ造りから始まり、塩焼きは天然アユならではの旨みをしっかり湛える。風干しから〆のアユ雑炊まで、飛騨のアユを味わい尽くすこともできる。温泉、美味、情趣、すべてそろった宿が飛騨古川にある。

72

ワインとお宿 千歳

日本三景の傍に佇む格別のワイン宿

京都府宮津市／天橋立温泉

日本旅館とワイン。今でこそ珍しくないが、十五年ほども前、日本旅館で真っ当なワインを置いているところなど滅多になかった。その名にワインを冠している宿が丹後にあると聞いて、勇んで出掛けたのは、はて、何年前だったろうか。

名勝天橋立のすぐ傍らにあって、狭い間口の宿には、たしかに「ワインとお宿 千歳」と書いてある。だが、外観からはワインを感じさせるような、特段の仕掛けもなく、いくらか拍子抜けして玄関を潜ると、しかし、そこにはとんでもない宿が待ち受けていた。

さほどワインに詳しくない僕でも、そのセラーコレクションの凄さに目をみはった。きっとワイン通なら小躍りするに違いない。そんなセラーを擁する宿には温泉が引かれていて、心置きなく湯とワインを堪能できるのである。

京都産の葡萄《ぶどう》を百パーセント使ったワイン造りで知られる〈天橋立ワイナリー〉のオーナーでもある宿の主人だから、時間を掛けて熟成させるのはお手のもの。長い歳月を重ねて、宿は発展を続けている。

今は本館と別館、宿泊者専用サロンと三つの棟に分かれ、客室は全部で七室。どの部屋も凝った意匠で客を迎える。ひと休みしたら、まずは本館二階にある温泉へ。内風呂は〈鬼の岩風呂〉と名づけられた岩風呂と、高野槇を使った丸い桶風呂のふたつ。露天風呂も、五右衛門風呂と檜風呂のふたつ。まったりとなめらかな天橋立温泉で、じっくり身体を温めることができる。

泉質は等張性中性低温泉。俗に美人の湯と称される、美肌効果の高い湯である。ワインと同じく、温泉の質には疎い僕だが、ここの湯のなめらかさは気に入っていて、四つの浴槽を順に渡り歩くことを愉しみにしている。京都と温泉。洛中から遠く離れた丹後の地で、雅な湯をまとう喜びにしばし浸る。

お愉しみの夕食は一階のダイニングで摂る。できれば奥の海側の席を予約したい。運河に面していて、時折り行き交う船を間近に見るという珍しい光景を眺めながらの夕食は、きっと他では味わえない。

宮津湾をメインに、豊富な日本海の幸、ワインと相性のいい肉、地場の野菜。ソムリエと相談しながらワインを選び、料理とのマリアージュを愉しむ。日本三景のひとつ、天橋立の傍に極上ワインの宿がある。内外から多くの客が訪れるのも、至極当たり前のことかもしれない。

73

元宿坊の静粛《せいしゅく》な湯と、摘草《つみくさ》料理を存分に

美山荘《みやまそう》

京都府京都市

多くの旅人が京都に抱くイメージは、きっと雅な平安の頃の姿なのだろう。緩やかな東山の峰々を背景にして、鴨川が流れ、御所を中心に、おじゃる、おじゃると、やんごとなき人々が夜な夜な都で饗宴《きょうえん》を開く。

良くも悪くも今の京都は、そのイメージに添うように作られている。店には香が焚《た》かれ、琴の音をBGMにして、売り子たちは柔らかい京言葉を連呼して、客を誘う。

しかしながら、それは京都のほんの一面に過ぎず、本来の姿からいえば、京都は鄙の色を映す山国なのである。

食ひとつとっても、それは明らかなわけで、京都の食を代表する京野菜をはじめとして、春の山菜、秋のキノコ、アユに代表される川魚など、すべては豊かな山の幸があってこそ、だ。

海から遠く離れた都ゆえ、若狭《わかさ》ぐじ、淡路鱧《はも》などが珍重され、それを主役に据える祇園《ぎおん》辺りの割烹もあるにはあるが、京の食の真髄といえば、やはり山の幸。その山の幸を堪能できるのが、洛北花脊《はなせ》にある「美山荘」。美食家にはつとに名高い料理旅館である。この宿の料理をつづり始めれば、本書一冊をもってしても足りないほど。もう少し記しておきたい気持ちを抑え、趣旨に添って風呂のことを記すとしよう。

何しろ京都市内の中心地からは車で小一時間掛かる。日帰りで午餐《ごさん》だけを愉しむ向きもあるが、泊まってこその「美山荘」。自然豊かな界隈を散策したり、かつてこの宿が宿坊だった頃に思いを馳せる峰定寺《ぶじょうじ》の門前に立つなどして、森の空気をいっぱいに吸い込んで宿に戻ると、湯の支度が整っている。

先に書いたように、この宿は元々が宿坊だったので、過剰な設備は一切ない。温泉などあろうはずもなく、大浴場と呼ぶような施設もない。あるのは、ただ一箇所の風呂だけ。泊まり客は交代制で入ることになる。

必要にして充分な広さを持つ風呂場には、大きな湯船が備わっていて、ゆったりと湯に身を任せることができる。大きな窓ガラスの向こうには、緑の合間を清流、寺谷《てらだに》川《がわ》が流れ、きっとその水を沸かしているのだろう。さわやかさを感じさせる湯は、さらさらと肌を流れ、身を清めるような静粛さも与えてくれる。

この湯をプレリュードとして「美山荘」の夜が始まる。先代主人が拓《ひら》いた摘草料理をじっくりと味わい、森閑と静まり返った中で安らかに眠りに就く。鄙の京都の奥深さを知る、格好の宿である。

74

洋々閣《ようようかく》

宿名そのまま、大海原のごとく魅力は尽きぬ

佐賀県唐津市《からつ》

かつて九つの国で構成されていたことから、そう呼ばれるようになった九州。今では七つの県に分かれる。

中で最もその位置がわかりづらいのが佐賀県。なんとなく福岡と長崎のあいだにあるように思うが、その県境も曖昧《あいまい》で、さらに言えば、どんな観光地があるかも、すぐには浮かばない。大方はそんなところだろう。

だが一部の数寄者からは、聖地とさえ称されていて、それは焼物好きの人たちである。

遠くヨーロッパにまで、その影響を与えたという伊万里焼を始め、鍋島焼、唐津焼と、誰もが知る窯《かま》が並ぶ。分けても唐津焼は、一楽二萩三唐津《いちらくにはぎさんからつ》と言われ、秀でた茶陶《ちゃとう》としてその人気は高い。

その唐津焼の地元唐津へは、博多から地下鉄に乗って、といういくらかとまどうアクセスがメインである。

博多から地下鉄に乗る。いつのまにかそれは地上に出て、海沿いをのんびりと走る

ローカル線に変わる。右手に海を見ながら、緩やかなカーブをいくつか回り、広い松原が見えてきたらやがて唐津に着く。

唐津で宿といえば、僕には「洋々閣」しか思いつかない。二十年ほども前に、唐津くんちの宿として訪ねて以来、定宿と呼ばせてもらっている。

この宿はまた、唐津焼の第一人者と称される中里隆《なかざとたかし》のギャラリーを併設していることでも知られ、器好きにはつとに知られた宿。

玄界灘の幸が並ぶ料理の一例

あいにく温泉ではないが、この宿には極めて心地のいいゴクラク湯がある。大正から昭和を生き延びてきた見事な建築を見回しながら玄関を潜り、応接室でひと息吐く。黒光りする渡り廊下を伝って、部屋へと案内される。

虹《にじ》の松原《まつばら》へと続く、よく手入れされた庭を散策するのもいいが、まずは大浴場へ。

フロント横のギャラリーに並ぶ名陶を横目で見ながら、廊下を進むと、男女別の大浴場があり、その湯船には麦飯石《ばくはんせき》を使った湯が張られている。言われなければ、きっと温泉だと思ってしまう。それほどに心地いい湯。真水と比べて、明らかにやわらかく、よく温もる。肌触りもなめらかで、湯上がりも快適だ。この宿に泊まると、必ず二度、三度とこの湯に浸かる。

湯上がりに待つのは玄界灘《げんかいなだ》の幸。冬場ならアラやフグ。春から秋はオコゼ。通年味わえる佐賀県産和牛のしゃぶしゃぶも捨てがたい。

この宿について語るべきことはまだまだあるのだが、如何《いかん》せん紙幅が足りない。ぜひ、それは泊まってみて体験してほしい。「洋々閣」は、その名が示す通り、大海原のように魅力の尽きない宿である。

75

オーベルジュあかだま

緑越しに海を感じた後は、旬の魚介フレンチを

長崎県西海市

船や飛行機に乗って降り立つ離島ではなく、地続きになってはいても、何故か島には独特の空気が流れている。はるばる来た感と、ゆったりと流れる長閑《のどか》な風。何より島人の穏やかな表情。

長崎空港から北へ、海沿いをドライブしながら、西海市大島を目指す。ハウステンボスを横目で見て、大島大橋を渡り始めると、一気に島気分が高まる。五島灘《ごとうなだ》に架かる斜張橋《しゃちょうきょう》は、青い海に白い橋脚が屹立《きつりつ》し、青空を見上げるシラサギにも見える。

橋を渡り、寺島を横断する道路を走り始めてすぐ、宿へと通じる小径が目に入る。スピードを緩め、注意深く辺りを見回しても、つい行き過ぎてしまう。深い木立に囲まれた宿は、それほどにひっそりと佇んでいる。目指す宿の名は「オーベルジュあかだま」。ちょっと変わった名である。

オーベルジュと呼ぶからには、料理が主体となる宿だが、〈あかだま〉はかつて、先代がこの島で営んでいた食堂の名だと聞いて、一気に親しみが湧いた。

まずは部屋へ。客室はわずかに三つ。すべてが別棟の離れ形式。ジャグジーバスが

ついたBタイプのメゾネットツインを選んだ。一階は広いリビング。二階はベッドルームとサンデッキ、バスルームという造り。この二階のデッキから緑越しに望む海の眺めがいい。視界いっぱいに広がる海より、陽を受けた水面が、木々の隙間にきらきら光るほうが心に届く。

この宿のゴクラク湯。それはこの、遠く海を望むというロケーションにある。目の前に海が広がりはしない。だが、音や気配で海を感じる。漁船らしき船のエンジン音。海鳥の鳴き声。静寂が訪れると、かすかに聞こえる波音。そして、海を渡ってくる潮風の香り。湯から上がり、裸のままでサンデッキに立ち、クイッと背伸びをすれば遠く海がキラキラと光っている。思った通りの海だ。

周りはすべて海だから、海の幸には事欠かない。旬の魚介をフレンチにして、時には食堂時代を彷彿させる洋食メニューも卓上に上り、オーベルジュの名に恥じない料理が並ぶ。

古く「あかだま食堂」と呼ばれていた頃は、どんな賑わいを見せていたのだろう。そんな思いを馳せながらの食事も愉しい。

何もかもが目の前で繰り広げられることに慣れ切って、想像力を失ってしまった現代人に、ぜひともおすすめしたい湯宿だ。

第7章

都会の穴場、意外な隠れ家となっている湯宿

76

大都会を眼下にしたトレインビューが愉しい

ホテルメトロポリタン丸の内

東京都千代田区

ビジネスホテルはもちろん、シティホテルでも大方の部屋のバスルームには窓がない。ということは当然ながら、外の景色は望めないわけで、朝なのか夜なのか、春か秋か、まったくわからない。

ホテルに泊まることは大好きなのだが、唯一の不満と言えば、このバスルーム。海や山。風光明媚な地に建つホテルでは、ビューバスルームができてきて、この不満を一気に解消してくれる。朝陽を浴びながら、夜の海を間近に見ながら、湯浴みできれば、温泉でなくても充分心地いい。いつもそう思う。

一方で、都会の高層ホテルでは、街を見下ろすビューバスルームが増えてきている。こちらは主に夜景だろうか。俗に百万ドルなどと通貨に換算されることの多い夜景。まばゆいばかりにきらめく、大都会の夜景を見下ろしながらの湯浴みは、殿様気分というか、一国一城の主になったような錯覚を覚え、悪い気分ではない。ただ、大都会の高層ホテルで眺望のいい部屋となると、それなりの対価を払わねばならず、目の玉が飛び出るような価格設定だと、諦めざるを得ない場合がほとんどになる。

たまの贅沢、という程度の価格で、しかも東京駅のすぐ傍という絶好のロケーションにあって、都会の夜景は無論、実に珍しい光景を眺めながら風呂に入れるホテルがある。「ホテルメトロポリタン丸の内」だ。

ホテルの名に丸の内とついているが、どちらかと言えば八重洲側。新幹線だと日本橋口を出てすぐ北側、サピアタワーの二十七階にフロントがある。三百数十ある客室の内、半分以上がシングルルームで、その内のいくつかの部屋がビューバスルームを擁している。

客室はすべてが二十七階より上にあるから、一部を除いて、ほとんどの客室からは大都会東京の絶景を眺めることができるわけで、ビューバスも当然ながら、同じ眺めを得られる。それだけでも充分満足なのだが、中で東京駅側のビューバスルームからは、他では決して見ることのない景色を望める。

まだ陽のあるうちに風呂に入る。緩いカーブを描くバスタブに身を沈め、窓の外を見下ろす。と、どうだろう。たくさん並ぶ線路を走る電車がお尻の下に出入りするのだ。格別の鉄道ファンというわけではないが、これは何とも愉しい。童心に返って、飽かず眺める。おびただしい数の列車が次から次へ、入って来ては出ていく。こんなビューバス、他には絶対ない。

77

小坪《こつぼ》海岸　凛花《りんか》

鎌倉での宿探し。今日からもう迷わない

神奈川県逗子《ずし》市

外国人観光客には、京都とその人気を二分するほどの鎌倉だが、いざ泊まろうとすると、頃合いの宿が少ないことに気づく。チェーン系のホテルだったり、会員制の宿や昔ながらのビジネスホテルなど、食指の動く宿が見当たらない。周辺を探してみると、大船《おおふな》まで足を延ばせば何軒かあるが、鎌倉と大船では雰囲気があまりに違う。

長谷《はせ》観音、鎌倉大仏、鶴ヶ岡八幡宮などなど、観光名所には事欠かない鎌倉を訪ねようとして、はて、宿はどうしたものかと思いあぐねていて、偶然見つけた宿が、小坪海岸にある「凛花」。小ぢんまりとした三つのツインルームと、広々とした離れがひと部屋。一日に四組しか泊まれない小さな宿である。

ＪＲ鎌倉駅、逗子駅、どちらの駅からも小坪に停まるバスが出ている。これに十五分ほど揺られて、バス停から徒歩で五分ばかり。小高い丘の上にあるので、上り坂を少々、息を切らしながら歩くと、民家と見紛うような入口があって、茶室の露地にも似た狭い通路を通って玄関にたどり着く。

ちょっと京都にも通じるような隠れ処感が愉しい。きっと誰もが、こんな場所に宿があるとは思わないであろう立地。

ふたりならツイン。家族連れやグループなら離れ。どちらも飾り過ぎずシンプルな造り。必要にして充分な設備が調っている。

部屋には風呂がついておらず、大浴場もない。あるのは二箇所の貸切風呂だけなのだが、この風呂の心地よさは折り紙つきである。

わざわざ予約したりという煩雑《はんざつ》な手続きはなく、空いてさえいればいつでも入れるのもありがたい。全館満室でも四組の客しか泊まらないのだから、大抵は空いている。内側から鍵を掛ければ、誰にも邪魔されることなく、ゆっくり、のんびりと湯浴みを愉しめる。

木の壁。黒い大型タイルの床。木枠に囲まれた湯船の底の青いモザイクタイル。清潔でシンプルなバスルームが美しくも心地いい。我が家にもこんな風呂が欲しい。この風呂に入る度にそう思う。

湯上がりの愉しみ。夕餉は個室仕様の食事処で供される。風呂と同じくプライベート感があり、心置きなく食事に専念できる。朝採れの鎌倉野菜や、小坪の港にあがる海の幸が按配よく出されるのは朝も同じ。鎌倉旅の宿をお探しの方に強くおすすめしたいゴクラク湯宿。それが「凛花」。

78

ホテルボストンプラザ草津

駅前ならではの景観が愉しいビューバス

滋賀県草津市

旅館かホテルか。宿選びの最初に立ちはだかる関門。リゾート地なら、その二者から選ぶことができるが、都会で泊まるとなると否応なく、ホテルとなってしまう。たとえば、京都や金沢といった古い街なら、旅館、それも極めて居心地のいい宿が何軒もあるが、名古屋や大阪となれば、木賃宿《きちんやど》を除いて、ほぼ間違いなくホテル泊まりになる。

ホテルに泊まることが決して嫌いなわけではなく、僕はむしろ積極的にホテルを利用する側の人間だ。必要以上にかまわれることもなく、自分のペースで物事を運べるので、旅館のように気をつかうことなく快適に泊まることができ、安らかに眠ることもできる。

だが、唯一、苦手としているのがユニットバスという設備。高級シティホテルの一部を除いて、大抵のホテルはユニット化された箱型のバスルーム。

外の景色など眺められるはずもなく、必要最小限の空間にトイレとバスが混在し、とにもかくにも、水回りの用を足すことだけを目的としたスペースで、くつろいだバ

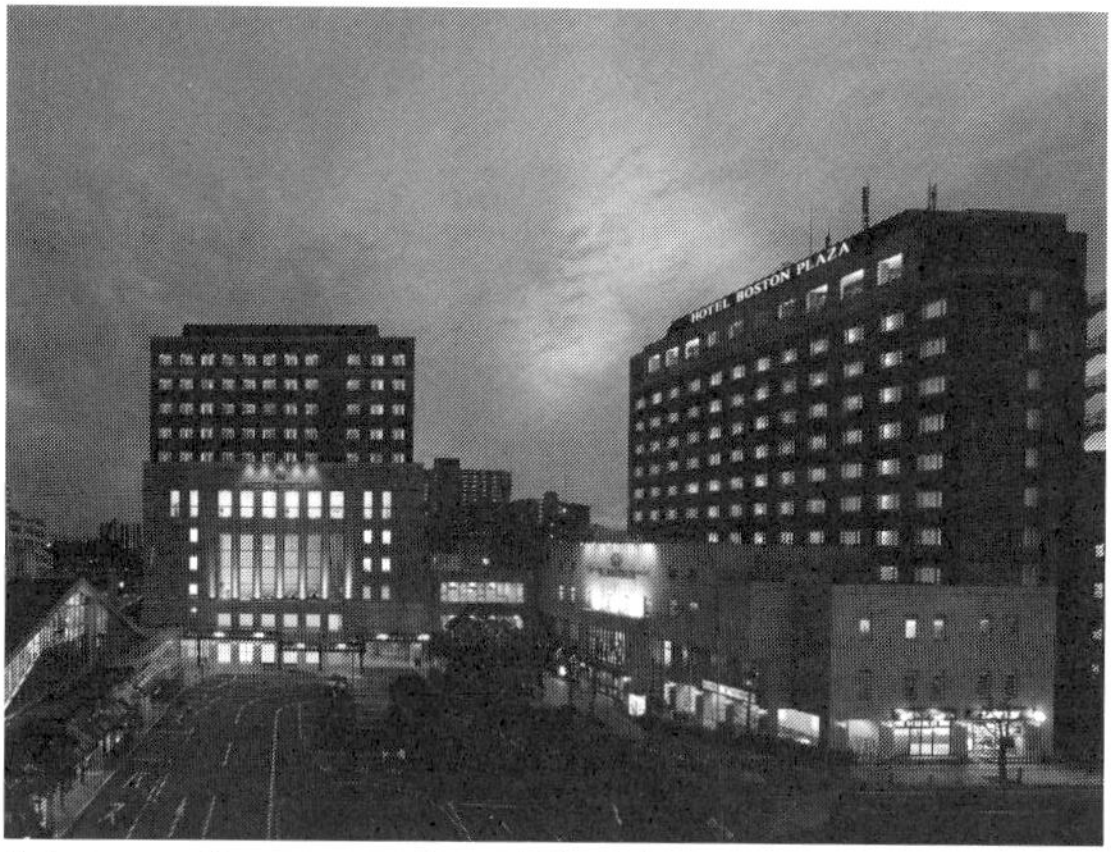

「ホテルボストンプラザ草津」のビューバスでは、草津駅間近ならではの景観が愉しめる

スタイムなどあり得ない。

窓辺にバスルームを設置して、せめて外の景色を眺めながらシャワーを浴びられれば嬉しいのだが。何度そう思ったことか。

そんな僕の思いが通じたのか、定宿ともしている近江のホテルにビューバスルームができた。

滋賀県は草津市。JR琵琶湖線草津駅の真ん前に建つ「ホテルボストンプラザ草津」の新館には、すべてではないが、ビューバスを備えた客室がある。

駅前のホテルでビューバス。きっと絶景からはほど遠いだろうと軽くみていると、その眺めの愉しさに驚くに違いない。

駅前ということは、鉄路がすぐ傍にある。それも東海道本線である。加えてローカルな草津線もあり、幾筋もの線路が駅に流れている。頻繁に行き交う列車を、バスタブに浸かりながら眺める。鉄道ファンならずとも愉しい。

一番の見どころは貨物列車。普段はあまり目にすることがないが、貨物列車というのは、けっこう本数が多いようで、風呂に入っていると、何度か、ガタンガタンと長い時間にわたって音を立てて駅を通過するのに気づく。

十六両の新幹線でも長いなと思うが、貨物列車はその比ではない。いつ果てるともしれず続く車両をじっと見ている。

その名が示す通り、アメリカのボストンをイメージして建てられたホテル。内装も凝っていて、他のホテルにはない居心地のよさがある。京都からわずか二十分。京都旅の宿としても活用したい。

79

京都と天然温泉、実は相性抜群です

ホテルモントレ京都

京都府京都市

京都と温泉。どうにも相性が悪いようだ。この両者では、旅をする目的が明らかに違う。京都という街を訪ねるのは、寺社仏閣《じしゃぶっかく》をはじめとして、日本の伝統文化の一端に触れることが第一の目的だろうし、一方で、温泉に行こうとするのは、のんびり休みたいからだと思う。

だが、お寺巡りをし、京名物を買い歩き、疲れた身体を温泉で休めることができれば、鬼に金棒《かなぼう》、弁慶《べんけい》に薙刀《なぎなた》、竜に翼を得たるがごとし、最強のタッグだと思うのだが、京都の温泉が隆盛を極めているとは言えないようだ。

京都でも有数の観光地、嵐山や大原では地底深くまで掘削《くっさく》し、ようやく掘り当てた温泉を名物にしようとしたが、湧出当初こそ話題になったものの、長くその人気が続いているようには見えない。

やはり京都と温泉はミスマッチなのか。否である。

たとえ雅な京都であっても、温泉が似合わないはずはない。京都に合わないのは温泉旅館なのではないかと思う。温泉を持つ旅館は、どうしても温泉の力に頼りがちになり、その結果、京都らしさが失われてしまいがちで、それが人気沸騰《ふっとう》とならない最大の理由だろう。

その証とも言えるのが、温泉大浴場を持つホテルの人気ぶり。たとえば「ホテルモントレ京都」。

京都切ってのビジネス街、烏丸《からすま》三条近くにあって、最上階にスパ（このホテルでは温泉大浴場と言わず、スパという言葉を使っている）を備えている。京都に住んでいながら、この温泉目当てに何度も泊まったほど、気持ちのいいゴクラク湯である。

京都駅からのアクセスは地下鉄烏丸線。最寄り駅の烏丸御池《おいけ》までは七分ほど。駅から歩いて二分ばかり。つまりは十分もあれば着くアクセス至便な宿。

シングルルームからファミリールームまで、バリエーション豊かな客室を備えているので、ビジネスから家族旅行まで幅広く使える。

最上階の〈スパ・トリニテ〉は眺めもよく、地下千メートルから湧き出す天然温泉は鉄分を含むせいか淡く色がついていて、温泉気分を満喫できる。

ゆったりと湯に浸かるうち、じわじわと体が温まってくる。京都と温泉。存外、相性がいいのではないか。そう思える「ホテルモントレ京都」のスパ。

80

鴨川の風を感じつつ、暮らすように旅せよ

庵町家《いおりまちや》ステイ

京都府京都市

はて、ここを宿と呼ぶべきかどうか。少しく逡巡《しゅんじゅん》したが、他では味わうことのできないゴクラク湯があるのだから、宿のうちに入れてもいいだろうと思う。

内外ともに、観光客に最も人気が高い街と言える京都。どういう宿に泊まればいいか。多くから尋ねられる。

本書でも名旅館、ホテルを何軒か紹介したが、近年、新しいスタイルの泊まり方として、町家泊まりが提案され、高品質の一棟貸しが人気となっているので、これも紹介しておこう。

洛中の町家ブームはにわかに起こった感があるが、いつのまにかすっかり定着し、今やブームを超えて、そこにあるべきものとして、京の風景にしっとりと溶け込んでいる。

無論、中にはうわべだけをなぞり、造りをすっかり変えてしまって、町家とは呼べなくなってしまった店もあるが、それらは間をおかず淘汰《とうた》される定めにある。

町家本来の姿を残し、快適に過ごすための設備を調え、最小限のリノベーションを施し、町家をよみがえらせた形として、一棟貸しの町家を上回るものはない。先鞭《せんべん》をつけたのは「庵」というグループで、今や十一棟の町家を数えるまでに至っている。

暮らすように旅をする。まさにそんな過ごし方をできるのが、町家一棟貸しのシステム。

昔ながらの町家をひと晩、自分たちだけの宿とし、心置きなく過ごせるというのは、京都という街にはふさわしいのだろう。人気は高まる一方で、同じような施設を持つグループは後を絶たない。

食事は好みの店で摂り、くつろぎと眠るためだけの場所として利用するのもいいが、朝夕とも手配してくれるので、仕出しを頼んで町家で団欒《だんらん》を愉しむのも一興。

それはともかく風呂。どの町家にも檜や高野槙、石造りの風呂が備わっていて、坪庭を眺められたりするのが嬉しい。

かつて、こういう町家には内風呂がなく、仮にあったとしても庭に設えられていて、冬などは震えながら入ったものだった。

かくいう我が家もそんな風であった。風呂を沸かすのもひと苦労。火をおこし、薪をくべて、鉄製の五右衛門風呂に床板を沈めて入る。熱過ぎて火傷しそうになったり、

「庵町家 おく材木町」のリビング。窓越しに鴨川が流れる

上がると湯冷めしたり、と町家で風呂に入るのはひと苦労だった。

それを知る者には、これら町家の快適な風呂は、それだけでもう、ゴクラク湯なのである。京都を訪れ、風情ある町家を一夜の寝所とし、ゆったりと風呂に入る。

鴨川の風を感じられる「おく材木町」の町家が一番のおすすめである。

81

ホテル阪神

全客室にレバーひとつで温泉が引ける

大阪府大阪市

かつて、観光都市京都の宿が混み合うトップシーズンには、穴場宿として大阪のホテルを紹介してきた。値頃なビジネスホテルから、高級シティホテルに至るまで、京都が軒並み満室の時期でも、大阪のホテルなら必ず空室がある。長くそんな状態が続いたが、近年その様相が一変した。大阪と京都が逆転傾向にあるのだ。

いくつかの要因が挙げられるが、第一がUSJにあることは間違いない。新設されたハリー・ポッターのアトラクションが爆発的人気を呼んでいる。

さらには、なぜか大阪城人気も沸騰し、加えてアジアを中心とした外国人観光客のあいだで大阪人気が急上昇したこともあり、季節を問わず大阪のホテルはいつも満室状態。仕方なく京都に泊まる、などということも出てきた。

そんな大阪で泊まるなら、ぜひともおすすめしたいのが「ホテル阪神」。JR大阪駅から環状線でわずかひと駅。健脚《けんきゃく》の方なら歩ける距離にあるホテル。

JR福島駅の真ん前に建つ「ホテル阪神」は、見たところ、どこにでもあるような外観で、館内に一歩足を踏み入れても、取り立てて変わった様子はない。それは客室に入っても同じで、シティホテルならどこでもこんな風だと思わせる造り。

ところがここに、おそらく日本で唯一だろうと思う設備があるのだ。

バスルームに入る。一見、何の変哲もない。しかしよく見ると、バスタブの上に見慣れないレバーがあることに気づく。このレバーを切り替えることで、蛇口から出てくる湯が、上水道と温泉に分かれるのだ。温泉側にレバーを回して湯を出すと、かすかに色がついているのが見え、さらにバスタブに溜めれば、はっきり違いがわかる。

「ホテル阪神」の客室は全部で二百八十九もあるのだが、そのすべてに温泉が引かれているという点で、他に類を見ないホテルだと言える。

たとえば、名湯と呼ばれる温泉地にある宿でも、大浴場は温泉だが、部屋の露天風呂は水道水だというのはよくあること。すべての客室に温泉が引かれ、しかも源泉掛け流しというのは、極めて稀なことだろうと思う。

湯を張って半身浴もよし、シャワーを使って打たせ湯と洒落込むのもいい。狭いながらも客室で温泉三昧。ひとりゴクラク湯だ。

地下千メートルから湧き出たという温泉は、七階のスパにも引かれ、大浴場としても愉しめる。部屋で、スパで、都会の真ん中で温泉を愉しみ、夜の大阪の街に繰り出す。愉しみの多いホテルである。

82

シャワー好きには堪《たま》らないダブルルーム

ホテルクレール日笠《ひがさ》

兵庫県姫路市

私事で恐縮だが、ここ二十年近く一度も風邪をひいていない。インフルエンザの予防注射もせず、年中薄着で通しているのに、風邪ひきとは無縁。その理由のひとつに朝晩のシャワーが効いているのでは、と主治医から言われたことがある。

朝は起き抜けにシャワーを浴びる。夜は夕食の前に風呂に入り、湯船に浸かってゆっくり身体を温めて、上がる前に熱いシャワーを浴びる。一年三百六十五日、これを欠かしたことはない。なるほど、これが風邪とは無縁の所以なのかもしれない。

そんなシャワー好きの僕だから、宿のシャワー設備には少々うるさい。水圧が弱くて、チョロチョロとしか出ないものはシャワーとは呼べない。逆にホースが弱くて、シャワーヘッドがクルクル回るのもダメ。適温に調節でき、かつスプレーシャワーとマッサージシャワーが切り替えられれば合格。

しかし、これが意外に少ない。外資系のシティホテルなんかだと、シャワーブースがあって、レインシャワーもついていたりするが、如何せん高額に過ぎる。湯船などなくてもいいから、ボディシャワーを浴びられる値頃なホテルはないものかと探していて、播州《ばんしゅう》姫路にあるのを見つけた。

山陽新幹線の姫路駅。中央口から歩くこと五分。街中にある「ホテルクレール日笠」がそれである。

かつて山陽街道の宿場町として発展した界隈に「日笠旅館」として生まれた宿がホテルに変身したといい、旅籠に通じるもてなしの心が宿のあちこちに見てとれる。最上階には展望浴場があり、広々とした眺めのいい風呂でゆったりと湯浴みができる。

その傍にあるダブルルームが、目指すシャワーを備えた客室である。広いパウダールームに置かれたカプセルタイプのシャワーブースでは、レインシャワーとボディシャワーの両方が愉しめる。バスタブがないのは、すぐ隣が展望浴場だからで、湯船に浸かりたいときはそちらへ、という仕組み。

完全防水のカプセルなので、思い切りシャワーを浴びられる。シャワーカーテンから漏れて水浸しに、などという心配もない。パウダールームと部屋とのあいだにはガラス窓がはまっているので、開放感にあふれたシャワータイムを満喫できる。

部屋の床はフローリング、デュベスタイルのダブルベッドが置かれて、スタイリッシュなデザインで統一されている。国宝姫路城もすぐ近くにあり、観光でもビジネスでも使える手頃なホテル。シャワー好きなら、ぜひダブルルームを指定したい。

83

安芸《あき》の宮島で天然温泉に浸かれるとは……

岩惣《いわそう》

広島県廿日市市／若宮温泉

ＪＲ山陽本線の宮島口駅で列車を降りると、すぐ目の前に港があり、そこから船に乗って、厳島の港に着く。あらかじめ頼んでおけば宿から迎えの車が来てくれるが、まずは厳島神社へお参りをし、境内を通り抜けて宿へと徒歩で向かうのが正しい。

鹿が遊び、潮が間近に寄せる参道を経て、板敷の回廊《かいろう》を進み、やがて大鳥居と向き合う本殿へとたどる。ここで手を合わせた瞬間から「岩惣」の時間が始まると言っても過言ではない。

社を出て少しばかり坂道を上り、古式ゆかしい玄関を潜って、一歩宿に入れば、先刻と同じ空気が流れていることに気づく。それは何も、荘厳《そうごん》だとか霊性《れいせい》といったものではなく、とかく宿にありがちな猥雑《わいざつ》さを排し、敬虔《けいけん》で清らかな空気が流れているという意である。

だからと言って「岩惣」は窮屈《きゅうくつ》な堅苦しい宿ではない。むしろその逆で、老舗宿特有の排他性《はいたせい》もなく、すべての客をふわりと包み込む、やわらかな宿なのである。それは、この宿が、道行く人たちに憩《いこ》いの場を設けんとして建てられた茶屋が前身だからだろう。紅葉狩に出掛けて、茶の一服も、という軽やかな気持ちで泊まれるのが「岩惣」の魅力である。

障子格子、欄間、透かし窓、あるいは玄関障子。精緻でありながらも軽みを持ち、古き装飾を生かしつつ、洗面や浴室には新しきを設える。伝統に甘んじることなく、常に進化させている宿は、温泉を備えるに至った。

古くからの井戸水をたしかめて温泉とわかり、〈若宮温泉〉と名づけて、老舗宿に新たな魅力を加えた。広々として、開放感あふれる大浴場の湯に浸かれば、温泉宿と位置づけてもいいくらいの心地よさだ。日本三景のひとつに数えられ、かつ神の島として知られる宮島の中で、まさか温泉に浸かれるとは誰も思わなかったに違いない。ゆっくりと湯船に身を沈めれば、じわじわと身体が温まってくる。

美しき部屋、温かき風呂と来れば、後は旨し食。無論、抜かりなどあるはずもなく、瀬戸内の幸をメインに据えて、オーソドックスな懐石スタイルながら、新たな趣向も加え、美食の宴が繰り広げられる。分けても秋から冬にかけては、名産宮島牡蠣が何よりのご馳走。ぷっくりとふくらんだ焼き牡蠣は、磯の香りを漂わせ、厳島の秋を高らかに謳う。通年味わえる穴子もまた、厳島の名物。煮ても焼いてもおいしい。

老舗の美食宿で温泉まで愉しめる。これぞゴクラク湯宿の極みである。

84

シンプルモダンな湯宿で、心身ともに温まる

てしま旅館

山口県山口市／阿知須《あじす》温泉

山口県阿知須温泉と聞いても、はて、どんな温泉地だったか。すぐにはその位置が思い浮かばない。その目立たなさは、宿そのものも同じで、すぐ近くまで来ても、それが旅館だとは気づかず通り過ぎてしまうほど。

昭和四十二年に創業した旅館は地味な表構えで、日本中どこにでもあるような佇まい。それがしかし、一歩宿の中に入ると、様相が一変する。宿を継ぐ前は、ラジオのディスクジョッキーをしていたという、若い主人の経歴から察すれば、おおよその想像がつくが、その予想を上回る変貌《へんぼう》ぶりに、たいていの宿泊客は驚きを隠せない。

庭に臨むロビーは、カフェを思わせるシンプルなデザイン。開放的な空間に置かれた家具のひとつひとつに、若い主人の感性が見てとれ、客の心は軽くなる。

客室は全部で六部屋。モダンに変身したツインベースの部屋が五つと、ロフトがついた広めの部屋がひとつ。どの部屋も小ざっぱりとした造りで、安らかな眠りを約束してくれる。

すべてにシンプルモダンを貫くデザインは風呂も同じ。一階の奥にある大浴場は、

フラットな湯船が印象的で、バリにあるようなプールを彷彿させる。坪庭にも一脚の椅子が置かれているだけで、余計な装飾を一切排し、心静かに湯浴みができる。

無味無臭。肌触りのやさしい冷鉱泉《れいこうせん》。湯船に身を沈め、無機質な庭を眺めていると、頭の中から雑念がどんどん消え去っていく。

外の景色は望めないが、空は見える。外光だけをうまく取り入れることで、朝から夜まで、風呂場は刻々とその表情を変える。旅館の大浴場には多くのデザインがあるが、こういう造りは極めて珍しい。ただただ湯と戯れ、身体の芯から解きほぐすには、格好のデザインだ。

湯上がりの食事もまた、この宿の愉しみのひとつ。春から夏にかけては、この地の特産でもあるクルマエビ。秋も深まる頃から始まって、冬の終わりまではふぐ。そして、知られざる名牛の阿知須牛。瀬戸内海と日本海に囲まれた山口ならではの美食が食膳に並ぶ。

モノトーンを基調としたシンプルなデザインが、冷たく感じられないのは、家族経営だからこそのこと。若主人夫妻の思いを、先代がやさしく見守り、宿の空気を温かく穏やかにしている。心も身体も温もる湯宿である。

85

山上の景観と天然温水があまりにも心地いい

アゴーラ 福岡山の上ホテル＆スパ

福岡県福岡市

東京、大阪、名古屋、そして福岡。日本を代表する大都市には、あふれんばかりにホテルが林立《りんりつ》している。格安のドミトリーから、ビジネスホテル、シティホテル。価格帯に応じて客が選べる。選択肢は多ければ多いほどありがたい。

あるいは場所。広い都市のどこで仕事があるか、用事をこなすか、によってホテルの場所を選び分けることも重要なポイントである。

それに加えて、もうひとつのセレクトポイントが、ホテルを包み込んでいる空気。ロケーションと言い換えてもいい。

名古屋を除けば、他の大都市にはアーバンリゾートと呼びたくなるようなエリアがあり、そこに建つホテルに泊まれば、たとえビジネスが目的であっても、心安らぐ時間を得られる。

福岡なら海と山の両方に、そうしたホテルがある。海のほうは何度も泊まったが、山は初めてのことだった。

「アゴーラ 福岡山の上ホテル＆スパ」。博多駅からもそう遠くない、こんな場所に小

大浴場は温泉ならぬ温水だが、入り心地のよさは折り紙つき

高い山があることも、ましてやホテルがあることなど、まったく知らなかった。

近年、経営母体が替わり、リノベーションされたと聞いて、初夏に滞在したが、実に心地いいホテルだった。

小高い山の上に建つ宿だから、何よりまず眺めがいい。空気がいい。それだけで僕は大いに満足するのだが、加えてゴクラク湯に強く魅かれた。

ホテルには珍しく大浴場があって、この湯が素晴らしいのである。温泉と呼べないのは、きっと湧出温度が低いからなのだろう。湯船に浸かって、湯を肌にまとうと、ぬるり、つるりとして、まさに温泉そのものの肌触りなのだ。

聞けば、炭酸ナトリウム質アルカリ天然温水だという。温水を温泉と置き替えれば、いわゆる美人の湯。あまりの心地よさに、日に二度、三度と入ったほどのゴクラク湯。朝六時半から深夜零時まで、いつでも好きなときに入れるが、それを満喫するためには、大浴場と同じスパフロアに泊まるのがベスト。

ミニキッチンも備えた、広々としたリビングはフローリング。そこから続くバルコニーは、博多の街を一望のもとに見下ろす開放感にあふれ、心までもが伸びやかになる。この部屋でトリートメントを受けるもよし、フィットネスルームで身体を動かすのもいい。

そして陽が落ちれば、ホテル自慢の美食が待っている。福岡のゴクラク湯宿、覚えておくときっと重宝する。

86

博多駅から徒歩五分で天然温泉に入れる

八百治《やおじ》博多ホテル

福岡県福岡市

近年、急速に増えてきた宿の形態といえば、アッパービジネスホテル。かつてのビジネスホテルと言えば、デザインなどはそっちのけで、とにかく安かろう、狭かろう、だった。

日中はビジネスで走り回り、夜が更ければ居酒屋でくだをまき、部屋は寝るときだけ、というビジネスマンにはそれでもよかったのだろうが、この流れに一石を投じるきっかけとなったのは、女性の社会進出。

タイムテーブルは男性と同じであっても、女性は部屋で過ごす空気も大切にする。バスタイムも長ければ、化粧に費やす時間もある。そのあいだ不快に感じることがあれば、二度とそのホテルに泊まることはない。かくしてビジネスホテルは、女性客獲得のため、内外装をオシャレにし、レディースフロアも設けるに至った。

その切り札とも言えるのが温泉大浴場。チェーンホテルの「ドーミーイン」などがその典型だが、温泉好きの女性客をターゲットに、温泉大浴場を付設するビジネスホテルが増えてきた。

だが、今のブームになるはるか前から、都市型ビジネスホテルに温泉大浴場を備えるホテルが博多にあって、僕などは、わざわざその温泉に入るために泊まったりもした。ホテルの名は「八百治博多ホテル」。博多駅の博多口を出て、わずか五分ほどで着くアクセス至便なホテルだ。

広めのシングルルームにチェックインしたら、まずは一階にある温泉〈八百治の湯〉へ。

二十一世紀を目前に控えた一九九八年。ホテル建設を前に温泉掘削を試み、見事掘り当てた温泉。福岡市内での温泉湧出は珍しく、当時は多くのメディアで報道されたという。

泉質はカルシウム・ナトリウム――塩化物温泉。高張性弱アルカリ性低温泉とも呼ぶのだそうだが、さほど泉質にはこだわらない僕には、よくわからない。だが、湯に浸かっていて、効きそうな湯だということはよくわかる。疲労回復、健康増進に効能があるというから、不摂生《ふせっせい》な暮らしをする身には格好の湯。

手頃な価格のシングルルームから、デラックスツイン、広い和洋室まで備えているから、ビジネスだけでなく、観光にも役立ち、あるいは温泉旅館的な使い方もできる。博多泊まりには強くおすすめする。

87

隠れ里のスタイリッシュな宿は連泊がおすすめ

古湯《ふるゆ》温泉ONCRI《おんくり》

佐賀県佐賀市／古湯温泉

佐賀県佐賀市富士町古湯。これが宿の在り処。そうは言っても、なかなか地図が頭に浮かばない方が多いのではないだろうか。

福岡、長崎、熊本といった辺りは、同じ九州でも馴染みが深く、ずっとではあるものの、その場所は概ねわかる。そういう意味からも、古湯温泉は隠れ里といった趣きがある。

最寄りはJR長崎本線の佐賀駅。ここから川沿いに車で山道をたどり、ひなびた里の風景を横目にしながら三十分ほども走れば、やがて古湯の里が見えてくる。緩やかなカーブを曲がり切ると、小高い岡の上に忽然と姿を現す宿。それが「ONCRI」。

外観こそ、温泉地にある大型旅館風だが、館内に一歩足を踏み入れると、温泉宿とは思えぬスタイリッシュなインテリアが広がっている。以前は別の名の旅館だったのを、近年新たにリニューアルし、見事によみがえった宿。

僕が泊まった〈ONCRIフロア〉の部屋などは、リゾートホテルを思わせるモダンな造りで、広々と快適な設えになっている。

まずはこの部屋に備えられた窓際のバスタブに身を沈める。緑豊かな山並みが目に入る。鳥のさえずりが聞こえる。他には何も見えず、何も聞こえない。

この風呂だけでも充分その価値はあるのだが、真骨頂は別棟の〈お湯処〉。別名は美人湯と呼ばれるほど、良質な湯が滾々と湧き出ている。

大浴場をはじめ、露天風呂、寝湯、足湯、立ち湯、箱蒸し湯など、趣向を凝らした十五種類にも及ぶ湯を愉しむことができる。

この古湯の最大の特徴は、なんと言っても、ぬる湯であること。泉温は三十八度。かなりぬるめなので、ゆっくりと長く湯に浸かることができる。これが、実に気持ちいい。僕のような烏の行水派でも、三十分以上は必ず湯に身を沈めている。

とりわけ岩風呂になった露天風呂などは、空と緑を眺めながら湯浴みしていると、時間を忘れるほど。

日暮れての夕食は、和洋二箇所の食事処で摂る。座敷で食べる、郷土色豊かな和食、地の野菜をふんだんに使ったイタリアン。どちらを選ぶか、大いに迷うところだが、連泊すれば、その悩みも一挙解決。

プチ湯治気分で、数日滞在するのも悪くない選択肢である。湯治場の空気も持ち、

「ＯＮＣＲＩ」のスタイリッシュで上品なエントランス

夜ともなれば、アーバンリゾートらしいナチュラル・イタリアンに舌鼓を打つ。その自由奔放《じゆうほんぽう》なスタイルがいい。

　豊かな緑、川のせせらぎが信州にも似た風を起こし、里山の長閑ささえ垣間見える。そんな長閑さと、シャープなデザインを融合させた「古湯温泉ＯＮＣＲＩ」は、新たな温泉宿のスタイルを生み出した。

88

駅前ホテルで天然温泉。ビジネス客はここ一択

シルクイン鹿児島

鹿児島県鹿児島市

温泉王国九州の中でも、勇猛《ゆうもう》な温泉地が多く、どっしりとした存在感を示すのが鹿児島。世界にその名を知られた名湯指宿《いぶすき》温泉を筆頭に、山深く湯の湧き出る霧島温泉郷。

さらには、天降川《あもりがわ》沿いに軒を突き合せる人気の湯宿。まさに温泉天国といった様相を呈《てい》している。

そんな鹿児島だが、ビジネスで訪れて温泉宿に泊まるわけにはいかない。かと言って、仕事の合間をぬって日帰り温泉というのも、いかにもわびしい。

鹿児島駅のすぐ近くにあって、天然温泉が湧き出ているビジネスホテル。それが「シルクイン鹿児島」。

奇しくも東日本大震災の翌日、二〇一一年三月十二日に全線開通した九州新幹線。その終着駅となる鹿児島中央駅。駅前広場から歩いて五分ほど。駅には珍しい観覧車を背にして歩くと、やがて〈天然温泉〉の文字が見えてくる。

ホテルは六階建てで、赤レンガ風の外観。真新しいとは言えないが、決して古びて

ビジネスホテルでは珍しい「シルクイン鹿児島」の天然温泉

もいない。温泉を擁するホテルらしい佇まいだ。

ビジネスホテルにしては、いくらか広めの部屋で館内着に着替える。これがなかなか快適だ。多くのビジネスホテルに備えられた手術着のようなものではなく、ドライメッシュのツーピースタイプ。この軽やかな服装で、部屋のタオルをたずさえ、いざ温泉大浴場へ。

立ち寄り湯としても、一般に有料で開放するほど良質な湯なのだろう。外来客用の受付があり、セキュリティもしっかりしている。

早めにチェックインすれば、一番風呂を愉しめる。

二階にある風呂だから、眺望は望めないものの、大きな窓の外には樹々の葉を照らす陽光が差し、目を休ませてくれる。

地下七百メートルから湧くという温泉は、いくぶん熱めで、源泉掛け流しならではの湯を存分に愉しめる。差し水をしてもいいのだが、ぬる湯好きには手前の小さい湯船がおすすめ。

ぬるりとした肌触りの湯を、じっくりとまとう。じわりじわりと身体の芯が温まってくる。目を閉じると、まるで秘湯に浸かっているような、そんな錯覚さえ覚えるほど、実にいい湯だ。

ぬるりとした湯は、上がると、さらり、つるりと変わり、心地いい。さて、この後は黒豚かラーメンか。気軽な湯宿ならではの愉しみ。

本書でご紹介させて頂いた湯宿リスト

◎アクセス方法(ア)は主に最寄りの鉄道駅、バス停、空港などから、公共交通機関を利用した場合の想定した一例です。その他のアクセス方法に関しては、地元の観光協会や宿に直接お問い合わせください。

◎下記はいずれも2015年3月時点での情報です。宿による送迎なども、時間指定や予約の必要がある場合などがございます。時間もおおよその目安です。詳しくは宿にお問い合わせください。

◎同じ地区の宿は、本書で紹介した番号順になっております。

北海道の宿

㉖湯の川プリンスホテル渚亭 ➡地図Ⅰ

〒042-0932 北海道函館市湯川町1-2-25
ア函館空港から路線バス函館駅行きで7分、
湯の川温泉バス停で下車、徒歩2分
☎0138-57-3911 ▶http://nagisatei.info/

㉛ザ・ウィンザーホテル洞爺リゾート＆スパ ➡地図Ⅰ

〒049-5722 北海道虻田郡洞爺湖町清水
アJR洞爺駅から無料シャトルバスで40分(要予約)
☎0142-73-1111（代表）／0120-290-500（予約専用番号）
▶http://www.windsor-hotels.co.jp/ja/

㉜湖畔の宿 支笏湖 丸駒温泉旅館 ➡地図Ⅰ

〒066-0287 北海道千歳市支笏湖幌美内7
アJR千歳駅から44分、支笏湖畔バスターミナル下車、
さらに丸駒温泉送迎バスで15分
☎0123-25-2341 ▶http://www.marukoma.co.jp/

㉝あかん鶴雅別荘 鄙の座 ➡地図Ⅰ

〒085-0467 北海道釧路市阿寒町阿寒湖温泉2-8-1
アJR釧路駅から路線バスで115分。
新千歳空港などから完全予約制の無料送迎バスもある
☎0154-67-5500 ▶http://www.hinanoza.com/

東北の宿

①四季亭
➡地図Ⅰ

〒020-0055 岩手県盛岡市繋字湯の館137
ア東北新幹線盛岡駅東口から路線バスで35分
☎019-689-2021 ▶http://www.shikitei.jp/

②櫻湯 山茱萸
➡地図Ⅱ

〒999-2211 山形県南陽市赤湯740
ア山形新幹線赤湯駅から無料送迎車あり
☎0238-43-3020 ▶http://sansyuyu.jp/

㊳丸屋旅館
➡地図Ⅱ

〒996-0301 山形県最上郡大蔵大字南山519
アJR新庄駅から肘折温泉行きバスで75分、終点下車、徒歩1分
☎0233-76-2021 ▶http://www.maruya-ryokan.com/

㊴お宿 花かんざし
➡地図Ⅱ

〒964-0074 福島県二本松市岳温泉1-104
アJR二本松駅から車で15分、路線バスで25分
☎0243-24-2110 ▶http://www.hana-kanzashi.com/

54庄助の宿 瀧の湯
➡地図Ⅱ

〒965-0814 福島県会津若松市東山温泉108
アJR会津若松駅から車、または路線バスで15分、無料送迎バスあり(要予約)
☎0242-29-1000 ▶http://shousuke.com/

64名月荘
➡地図Ⅱ

〒999-3242 山形県上山市葉山5-50
アJRかみのやま温泉駅から車で5分
☎023-672-0330 ／ 0120-72-0330（フリーダイヤル）
▶http://www.meigetsuso.co.jp/

〈北関東の宿〉

⑭塚越屋七兵衛 別館 香雲館
➡地図Ⅲ

〒377-0102 群馬県渋川市伊香保町伊香保175-1
㋐JR渋川駅から路線バスで20分
☎0279-72-5501 ▶http://www.kouunkan.jp/

⑮つつじ亭
➡地図Ⅲ

〒377-1700 群馬県吾妻郡草津町639-1
㋐JR長野原草津口駅からJRバスで25分
☎0279-88-9321 ▶http://www.tsutsujitei.co.jp/

㊵万座プリンスホテル
➡地図Ⅲ

〒377-1595 群馬県吾妻郡嬬恋村万座温泉2401
㋐JR吾妻線万座・鹿沢口駅から車で35分(平常時)、バスで40分(冬期45分)。
☎0279-97-1111 ▶http://www.princehotels.co.jp/manza/

㊶那須別邸 回
➡地図Ⅱ

〒325-0301　栃木県那須郡那須町湯本206
㋐JR那須塩原駅から車で30分、無料シャトルバスあり(要予約)
☎0287-76-3180 ▶http://www.bettei-kai.jp/

55湯けむりの里 柏屋
➡地図Ⅱ

〒321-2612 栃木県日光市川治温泉高原62
㋐東武鉄道川治湯元駅から無料送迎あり(要予約)
☎0288-78-0002 ▶http://www.kashiwaya-kawaji.jp/

56湯守田中屋
➡地図Ⅱ

〒329-2921 栃木県那須塩原市塩原6
㋐JR那須塩原駅から路線バスで53分、塩原大綱バス停で下車。
無料送迎バスもある
☎0287-32-3232 ▶http://www.tnky.jp/

57大黒屋
➡地図Ⅱ

〒325-0111 栃木県那須塩原市板室856
㋐JR黒磯駅から路線バスで35分、
またはJR那須塩原駅から車で30分。有料の送迎タクシーもある(要予約)
☎0287-69-0226 ▶http://www.itamuro-daikokuya.com/

〈首都圏の宿〉

③強羅環翠楼 ➡地図Ⅲ

〒250-0408 神奈川県足柄下郡箱根町強羅1300
ア箱根登山鉄道強羅駅から徒歩3分
☎0460-82-3141 ▶http://www.gourakansuirou.co.jp/

㉗季粋の宿 紋屋 ➡地図Ⅱ

〒295-0102 千葉県南房総市白浜町白浜232
ア東京駅八重洲口からJR高速バス「房総なのはな号」にて安房白浜バス停まで160分。安房白浜からは電話して迎えに来てもらう。またはその一つ手前の南海荘バス停で下車、徒歩3分
☎0470-38-3151 ▶http://www.monya.co.jp/

㉘飛鳥Ⅱ ➡地図Ⅱ

〒220-8147 横浜市西区みなとみらい2-2-1 横浜ランドマークタワー 47階
＊飛鳥Ⅱ運航会社(郵船クルーズ株式会社)には、ホームページあるいは各旅行会社より予約、お問い合わせください
☎045-640-5301 ▶http://www.asukacruise.co.jp/

㊷強羅花扇 ➡地図Ⅲ

〒250-0408 神奈川県足柄下郡箱根町強羅1300-681
ア箱根登山ケーブルカー早雲山駅から
直通エレベーター乗車、下車後、徒歩1分
☎0460-87-7715 ▶http://www.gorahanaougi.com/hanaougi/

㊸仙郷楼別邸 奥の樹々 ➡地図Ⅲ

〒250-0631 神奈川県足柄下郡箱根町仙石原1284
ア箱根湯本駅から桃源台行き箱根登山バスで30分、仙郷楼前バス停で下車
☎0460-84-8521 ▶http://www.senkyoro.co.jp/okunokigi.html

㊹石葉 ➡地図Ⅲ

〒259-0314 神奈川県足柄下郡湯河原町宮上749
アJR湯河原駅から車で10分
☎0465-62-3808 ▶http://www.sekiyou.com/

㊺ふきや

➡地図Ⅲ

〒259-0314 神奈川県足柄下郡湯河原町宮上398
アJR湯河原駅から徒歩8分
☎0465-62-1000 ▶http://www.yugawarafukiya.com/

㊼ホテルメトロポリタン丸の内

➡地図Ⅱ

〒100-0005 東京都千代田区丸の内1-7-12
アJR東京駅八重洲北口改札から徒歩2分
☎03-3211-2233 ▶http://www.hm-marunouchi.jp/

㊽小坪海岸 凛花

➡地図Ⅱ

〒249-0008 神奈川県逗子市小坪5-8-3
アJR鎌倉駅から路線バスで15分、小坪バス停下車、さらに徒歩5分
☎0467-25-2340 ▶http://www.kotubo-linca.com/

〈北陸の宿〉

④あらや滔々庵

➡地図Ⅲ

〒922-0242 石川県加賀市山代温泉湯の曲輪
アJR加賀温泉駅から路線バスで15分、車で10分、
送迎あり(要予約、13時～ 18時)
☎0761-77-0010 ▶http://www.araya-totoan.com/

㉙望洋楼

➡地図Ⅳ

〒913-0057 福井県坂井市三国町米ケ脇4-3-38
アJR芦原温泉駅から三国温泉号バスで40分、
または送迎車で25分(要予約、17時まで)
☎0776-82-0067 ▶http://www.bouyourou.co.jp/

㊻赤倉観光ホテル

➡地図Ⅲ

〒949-2102 新潟県妙高市田切216
アJR妙高高原駅から無料の送迎シャトルバスあり(要予約)
☎0255-87-2501 ▶http://www.akhjapan.com/

⑱リバーリトリート雅樂倶

➡地図Ⅲ

〒939-2224 富山県富山市春日56-2
ア富山空港から車で15分、またはJR富山駅から春日温泉行きバスで40分、春日バス停で下車、徒歩3分
☎076-467-5550 ▶http://www.garaku.co.jp/

⑯和田屋

➡地図Ⅲ

〒920-2114 石川県白山市三宮町イ55-2
ア北陸鉄道石川線鶴来駅から車で5分
☎076-272-0570 ▶http://www.tsurugi-wataya.co.jp/

〈甲信の宿〉

⑤御宿まるや

➡地図Ⅲ

〒393-0015 長野県諏訪郡下諏訪町立町 3304
アJR下諏訪駅から徒歩12分
☎0266-27-5151 ▶http://onyado-maruya.com/

⑯旅館すぎもと

➡地図Ⅲ

〒390-0221 長野県松本市里山辺451-7
アJR松本駅からバスで17分、車で15分
☎0263-32-3379 ▶http://ryokan-sugimoto.com/

㊼緑霞山宿 藤井荘

➡地図Ⅲ

〒382-0816 長野県上高井郡高山村大字奥山田3563
ア長野電鉄須坂駅から長野電鉄バスで40分、車で20分
☎026-242-2711 ▶http://www.fujiiso.co.jp/

㊽常盤館

➡地図Ⅲ

〒384-0041 長野県小諸市菱平762-2
アJR小諸駅から車で15分、コミュニティバスで25分
☎0267-22-0516 ▶http://www.tokiwakan.com/

㊾高峰温泉

➡地図Ⅲ

〒384-0041 長野県小諸市高峰高原
アJR小諸駅から車で45分、JRバスで60分
☎0267-25-2000 ▶http://www.takamine.co.jp/bb/

㊾湖山亭うぶや
➡地図Ⅲ

〒401-0303 山梨県南都留郡富士河口湖町浅川10
ア富士急行河口湖駅から車で10分、送迎バスあり（要電話）
☎0555-72-1145
▶http://www.ubuya.co.jp/

㊿油屋旅館
➡地図Ⅲ

〒392-0027 長野県諏訪市湖岸通り3-4-16
アJR上諏訪駅から徒歩5分
☎0266-52-2222
▶http://www.aburaya-ryokan.co.jp/

⑹村のホテル住吉屋
➡地図Ⅲ

〒389-2502 長野県下高井郡野沢温泉村豊郷8713
アJR戸狩野沢温泉駅から路線バスで20分、
野沢温泉バス停で下車、徒歩5分
☎0269-85-2005
▶http://sumiyosiya.co.jp/

〈東海の宿〉

⑥あさば
➡地図Ⅲ

〒410-2416 静岡県伊豆市修善寺3450-1
ア伊豆箱根鉄道修善寺駅から車で7分
☎0558-72-7000

㉚ホテル カターラ
➡地図Ⅲ

〒413-0302 静岡県賀茂郡東伊豆町奈良本992-1
ア伊豆急行伊豆熱川駅から車で1分、送迎バスあり（要問い合わせ）
☎0557-23-2222
▶http://www.katara.co.jp/

㉛潮騒のリゾート ホテル海
➡地図Ⅲ

〒413-0231　静岡県伊東市富戸字花生場1214-1
ア伊豆急行富戸駅から徒歩12分
☎0557-51-0393
▶http://www.hotel-umi.jp/

㊿野の花山荘
➡地図Ⅲ

〒506-1421 岐阜県高山市奥飛騨温泉郷神坂707-316
アJR高山駅から新穂高温泉行きバスにて中尾高原口バス停で下車、
バス停への送迎あり（要問い合わせ）
☎0578-89-0030
▶http://nono87.jp/

⑥①アルカナ イズ
➡地図Ⅲ

〒410-3206 静岡県伊豆市湯ヶ島1662
ア伊豆箱根鉄道修善寺駅から車で20分
☎0558-85-2700 ▶http://www.arcanaresorts.com/

⑥⑦オーベルジュ花季
➡地図Ⅲ

〒414-0055 静岡県伊東市岡75-32
アJR伊東線伊東駅から車で10分
☎0557-38-2020 ▶http://www.hanagoyomi.jp/

⑥⑧旅師の宿やかた
➡地図Ⅲ

〒413-0515 静岡県賀茂郡河津町谷津333
ア伊豆急行河津駅から徒歩3分
☎0558-32-1291 ▶http://www.yakata.com/tabishi/

⑥⑨和味の宿 角上楼
➡地図Ⅲ

〒441-3617 愛知県田原市福江町下地38
ア豊橋鉄道渥美線三河田原駅から車、または送迎あり
☎0531-32-1155 ▶http://www.kakujoro.com/

⑦⓪はづ木
➡地図Ⅲ

〒441-1631 愛知県新城市豊岡字滝上45-1
アJR飯田線湯谷温泉駅から徒歩2分
☎0536-32-1211 ▶http://www.hazu.co.jp/hazuki/

⑦①八ツ三館
➡地図Ⅲ

〒509-4241 岐阜県飛騨市古川町向町1-8-27
アJR古川駅から徒歩7分
☎0577-73-2121 ▶http://www.823kan.com/

近畿の宿

⑦やす井
➡地図Ⅳ

〒522-0082 滋賀県彦根市安清町13-26
アJR彦根駅から車で3分
☎0749-22-4670 ▶http://www.ryoutei-yasui.jp/

⑧紀寺の家

➡地図Ⅳ

〒630-8306 奈良県奈良市紀寺町779
ア JR奈良駅もしくは近鉄奈良駅から路線バスにて紀寺町(市立奈良病院前)バス停で下車、徒歩3分
☎0742-25-5500 ▶http://machiyado.com/

⑨俵屋

➡地図Ⅳ

〒604-8094 京都府京都市中京区麩屋町姉小路上ル
ア 地下鉄京都市役所前駅から徒歩7分
☎075-211-5566

⑩要庵西富家

➡地図Ⅳ

〒604-8064 京都府京都市中京区富小路通六角下ル
ア 地下鉄四条駅、阪急烏丸駅・川原町駅、京阪三条駅から、それぞれ徒歩10分
☎075-211-2411 ▶http://www.kanamean.co.jp/

⑰茶六別館

➡地図Ⅳ

〒626-0017 京都府宮津市島崎2039-4
ア JR宮津駅から徒歩10分
☎0772-22-2177 ▶http://www.charoku.com/

⑱花小宿

➡地図Ⅳ

〒651-1401 兵庫県神戸市北区有馬町1007
ア 神戸電鉄有馬温泉駅から徒歩5分、送迎バスもあり
☎078-904-0281 ▶http://hanakoyado.com/

㉜シーサイドホテル舞子ビラ神戸

➡地図Ⅳ

〒655-0047 兵庫県神戸市垂水区東舞子町18-11
ア JR舞子駅から徒歩7分(無料シャトルバスあり)、山陽電鉄舞子公園駅または霞ヶ丘駅から徒歩7分
☎078-706-7767 ▶http://www.maikovilla.co.jp/

㊷琵琶湖ホテル

➡地図Ⅳ

〒520-0041 滋賀県大津市浜町2-40
ア 京阪浜大津駅から徒歩5分
☎077-524-7111 ▶http://www.biwakohotel.co.jp/

⑹旅館 紅鮎

➡地図Ⅳ

〒529-0364 滋賀県長浜市湖北町尾上312
ア JR高月駅から車で10分、送迎バスあり(要予約)
☎0749-79-0315　▶http://www.beniayu.com/

⑺ワインとお宿 千歳

➡地図Ⅳ

〒626-0001 京都府宮津市文珠472
ア 北近畿タンゴ鉄道宮津線天橋立駅から徒歩3分
☎0772-22-3268　▶http://www.amanohashidate.org/chitose/

⑺美山荘

➡地図Ⅳ

〒601-1102 京都府京都市左京区花脊原地町大悲山375
ア 京都市営地下鉄北大路駅、または京阪電気鉄道出町柳駅から路線バスで1時間40分、大悲山口バス停で下車。宿までの送迎あり(要予約)
☎075-746-0231　▶http://miyamasou.jp/

⑺ホテルボストンプラザ草津(びわ湖)

➡地図Ⅳ

〒525-0037 滋賀県草津市草津駅西口ボストンスクエア内
ア JR草津駅西口から徒歩20秒
☎077-561-3311　▶http://www.hotel-bp.co.jp/

⑺ホテルモントレ京都

➡地図Ⅳ

〒604-8161 京都府京都市中京区烏丸通三条下ル饅頭屋町604
ア 京都市営地下鉄烏丸線烏丸御池駅から徒歩2分
☎075-251-7111　▶http://www.hotelmonterey.co.jp/kyoto/

⑻庵町家ステイ

➡地図Ⅳ

〒600-8052 京都府京都市下京区富小路通高辻上ル筋屋町144-6
ア 各町家につき場所は異なるので、詳しくは宿にお問い合わせすること
☎075-352-0211　▶http://www.kyoto-machiya.com/

⑻ホテル阪神

➡地図Ⅳ

〒553-0003 大阪府大阪市福島区福島5-6-16
ア JR環状線福島駅から徒歩2分
☎06-6344-1661　▶http://www.hankyu-hotel.com/hotel/hanshin/

㉜ホテルクレール日笠

➡地図Ⅳ

〒670-0911 兵庫県姫路市十二所前町22
アJR姫路駅中央口から徒歩5分
☎079-224-3421 ▶http://www.hotel-higasa.com/

〈中国・四国の宿〉

⑪大和屋別荘

➡地図Ⅴ

〒790-0836 愛媛県松山市道後鷺谷町2-27
ア市電道後温泉駅から徒歩5分
☎089-931-7771 ▶http://www.yamatoyabesso.com/

⑲岩井屋

➡地図Ⅳ

〒681-0024 鳥取県岩美郡岩美町岩井544
アJR岩美駅から路線バスで10分、岩井温泉バス停で下車し、さらに徒歩1分
☎0857-72-1525 ▶http://www.iwaiya.jp/

⑳奥津荘

➡地図Ⅳ

〒708-0503 岡山県苫田郡鏡野町奥津48
アJR津山駅から路線バスで60分
☎0868-52-0021 ▶http://okutsuso.com/

㉑湯之助の宿 長楽園

➡地図Ⅴ

〒699-0201 島根県松江市玉湯町玉造323
アJR玉造温泉駅から徒歩30分、車で5分
☎0120-62-0171 ▶http://www.choraku.co.jp/

㉒大谷山荘

➡地図Ⅴ

〒759-4103 山口県長門市湯本温泉
アJR長門湯本駅から徒歩10分
☎0837-25-3221 ▶http://www.otanisanso.co.jp/

㉝庭園の宿 石亭

➡地図Ⅴ

〒739-0454 広島県廿日市市宮浜温泉3-5-27
アJR大野浦駅から車で5分、
または大野浦駅、宮島口駅から送迎あり（要電話）
☎0829-55-0601 ▶http://www.sekitei.to/

㉞小屋場 只只

➡地図V

〒745-0057 山口県周南市大津島宇西田浦2763
ア徳山港から25分～ 35分、馬島港下船。馬島港から送迎あり
☎0834-85-2800 ▶http://www.koyaba.jp/

㉝岩惣

➡地図V

〒739-0522　広島県廿日市市宮島町もみじ谷
アJR宮島駅から徒歩すぐ、宮島口桟橋へ。
そこから連絡船で10分、宮島桟橋からは車で5分、徒歩15分
☎0829-44-2233 ▶http://www.iwaso.com/

㉞てしま旅館

➡地図V

〒754-1277 山口県山口市阿知須7418-8
アJR山陽本線本由良駅から車で5分、送迎あり。
または山陽新幹線新山口駅から、17時の送迎あり（要予約）
☎0836-65-2248 ▶http://teshimaryokan.com/

〈九州の宿〉

⑫亀の井別荘

➡地図V

〒879-5198 大分県由布市湯布院町川上2633-1
アJR由布院駅または由布院駅前バスセンターから徒歩20分、車で5分
☎0977-84-3166 ▶http://www.kamenoi-bessou.jp/

⑬由布院 玉の湯

➡地図V

〒879-5102 大分県由布市湯布院町湯の坪
アJR由布院駅または由布院駅前バスセンターから徒歩15分、車で3分
☎0977-84-2158 ▶http://www.tamanoyu.co.jp/

㉓杉乃井ホテル

➡地図V

〒874-0822 大分県別府市観海寺1
アJR別府駅から路線バスもしくは車で10分
☎0977-24-1141 ／ 0977-78-8888（予約センター）
▶http://www.suginoi-hotel.com/

㉔石山離宮 五足のくつ
➡地図V

〒863-2803 熊本県天草市天草町下田北2237

🅐JR三角駅または熊本駅からバスで本渡バスセンターへ。もしくは天草空港か、フェリーで本渡港、富岡港、鬼池港へ。天草下島内では無料定期便の送迎(要予約)あり。

☎0969-45-3633 ▶http://www.rikyu5.jp/

㉕霧島ホテル
➡地図V

〒899-6603 鹿児島県霧島市牧園町高千穂3948

🅐JR霧島温泉駅・霧島神宮駅からバスで30分、鹿児島空港から車で30分

☎0995-78-2121 ▶http://www.kirishima-hotel.jp/

⑺洋々閣
➡地図V

〒847-0017 佐賀県唐津市東唐津2-4-40

🅐JR筑肥線東唐津駅から車で4分、またはJR唐津線唐津駅から車で6分

☎0955-72-7181 ▶http://www.yoyokaku.com/

⑺オーベルジュあかだま
➡地図V

〒857-2411 長崎県西海市大島町寺島1383-4

🅐長崎空港から車で1時間15分、またはJR早岐駅から車で35分、いずれもパールライン経由。もしくは佐世保市営桟橋から高速船で23分、大島港下車。宿から港までの送迎あり。

☎0959-34-2003 ▶http://auberge-akadama.com/

⑻アゴーラ 福岡山の上ホテル&スパ
➡地図V

〒810-0032 福岡県福岡市中央区輝国1-1-33

🅐福岡市地下鉄七隈線桜坂駅から車で2分、徒歩15分

☎092-771-2131 ▶http://agorafukuoka-hilltop.com/

⑻八百治博多ホテル
➡地図V

〒812-0011 福岡県福岡市博多区博多駅前4-9-2

🅐JR博多駅博多口から徒歩5分

☎092-483-5111 ▶http://www.yaoji.co.jp/

⑻古湯温泉ONCRI
➡地図V

〒840-0501 佐賀県佐賀市富士町古湯556

🅐JR長崎本線佐賀駅から送迎あり

☎0952-51-8111 ▶http://www.oncri.com/

⑧⑧シルクイン鹿児島 ➡地図V

〒890-0052 鹿児島県鹿児島市上之園町19-30
アJR鹿児島中央駅から徒歩5分
☎099-258-1221 ▶http://www.silk-inn.jp/

〈沖縄の宿〉

㉟ラグナガーデンホテル ➡地図V

〒901-2224 沖縄県宜野湾市真志喜4-1-1
ア那覇空港から車で30分、リムジンバスで50分、または路線バスあり
☎098-897-2121 ▶http://www.laguna-garden.jp/

㊱百名伽藍 ➡地図V

〒901-0603 沖縄県南城市玉城字百名山下原1299-1
ア那覇空港から車で35分
☎098-949-1011 ▶http://www.hyakunagaran.com/

㊲はいむるぶし ➡地図V

〒907-1292 沖縄県八重山郡竹富町小浜2930
ア石垣港から25分、小浜港下船。小浜港から無料の送迎バスあり
☎0980-85-3111 ▶http://www.haimurubushi.co.jp/

地図 I
北海道
札幌
富良野
阿寒湖
洞爺湖
支笏湖
釧路
帯広
函館
青森
青森県
秋田県
秋田
盛岡
花巻
岩手県
宮城県
仙台
❶ 四季亭
㉖ 湯の川プリンスホテル渚亭
51 ザ・ウィンザーホテル洞爺リゾート＆スパ
52 湖畔の宿 支笏湖 丸駒温泉旅館
53 あかん鶴雅別荘 鄙の座

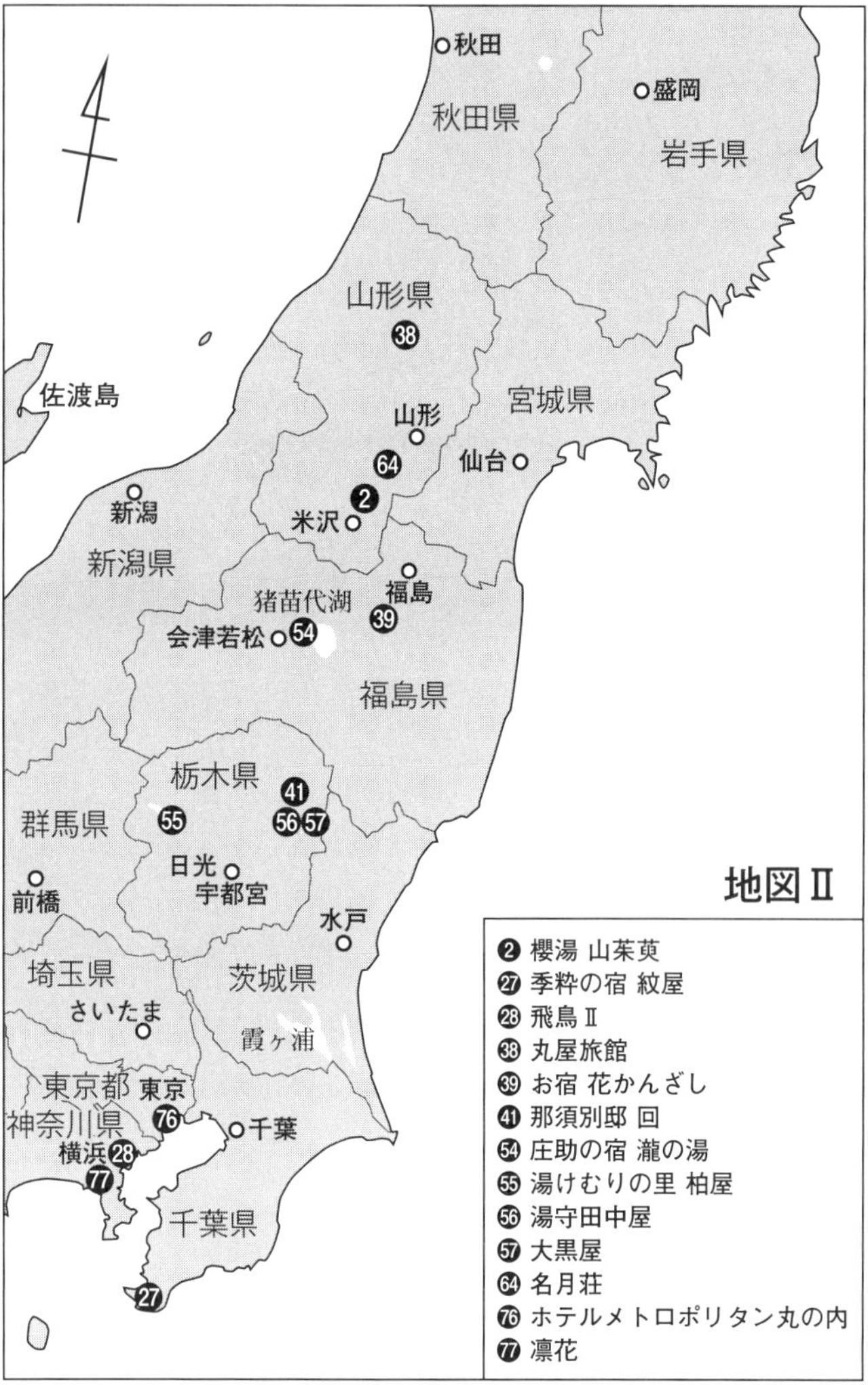
秋田
盛岡
秋田県
岩手県
山形県
38
佐渡島
宮城県
山形
64
仙台
2
新潟
米沢
新潟県
福島
猪苗代湖
39
会津若松
54
福島県
栃木県
41
群馬県
55
56
57
日光
宇都宮
前橋
水戸
埼玉県
茨城県
さいたま
霞ヶ浦
東京都
東京
76
神奈川県
千葉
横浜
28
77
千葉県
27
❷ 櫻湯 山茱萸
㉗ 季粋の宿 紋屋
㉘ 飛鳥Ⅱ
㊳ 丸屋旅館
㊴ お宿 花かんざし
㊶ 那須別邸 回
54 庄助の宿 瀧の湯
55 湯けむりの里 柏屋
56 湯守田中屋
57 大黒屋
64 名月荘
76 ホテルメトロポリタン丸の内
77 凛花
地図Ⅱ

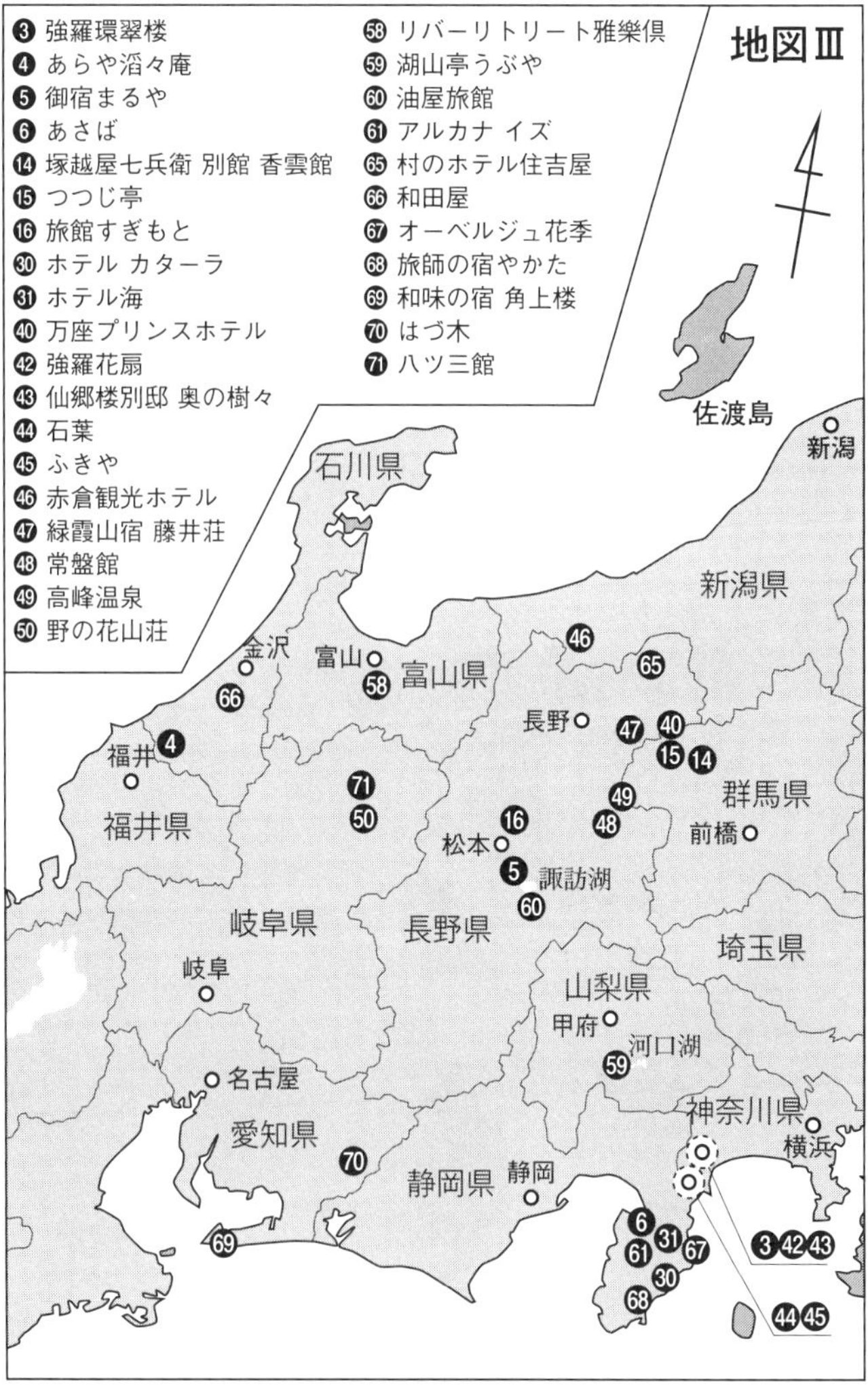
地図Ⅲ
❸ 強羅環翠楼
❹ あらや滔々庵
❺ 御宿まるや
❻ あさば
⓮ 塚越屋七兵衛 別館 香雲館
⓯ つつじ亭
⓰ 旅館すぎもと
㉚ ホテル カターラ
㉛ ホテル海
㊵ 万座プリンスホテル
㊷ 強羅花扇
㊸ 仙郷楼別邸 奥の樹々
㊹ 石葉
㊺ ふきや
㊻ 赤倉観光ホテル
㊼ 緑霞山宿 藤井荘
㊽ 常盤館
㊾ 高峰温泉
㊿ 野の花山荘
58 リバーリトリート雅樂倶
59 湖山亭うぶや
60 油屋旅館
61 アルカナ イズ
65 村のホテル住吉屋
66 和田屋
67 オーベルジュ花季
68 旅師の宿やかた
69 和味の宿 角上楼
70 はづ木
71 八ツ三館
佐渡島
新潟
石川県
新潟県
金沢
富山
富山県
長野
福井
群馬県
福井県
松本
前橋
諏訪湖
岐阜県
長野県
埼玉県
岐阜
山梨県
甲府
河口湖
名古屋
神奈川県
愛知県
横浜
静岡
静岡県

地図Ⅳ

- 7 やす井
- 8 紀寺の家
- 9 俵屋
- 10 要庵西富家
- 17 茶六別館
- 18 花小宿
- 19 岩井屋
- 20 奥津荘
- 29 望洋楼
- 32 シーサイドホテル舞子ビラ神戸
- 62 琵琶湖ホテル
- 63 旅館 紅鮎
- 72 ワインとお宿 千歳
- 73 美山荘
- 78 ホテルボストンプラザ草津（びわ湖）
- 79 ホテルモントレ京都
- 80 庵
- 81 ホテル阪神
- 82 ホテルクレール日笠

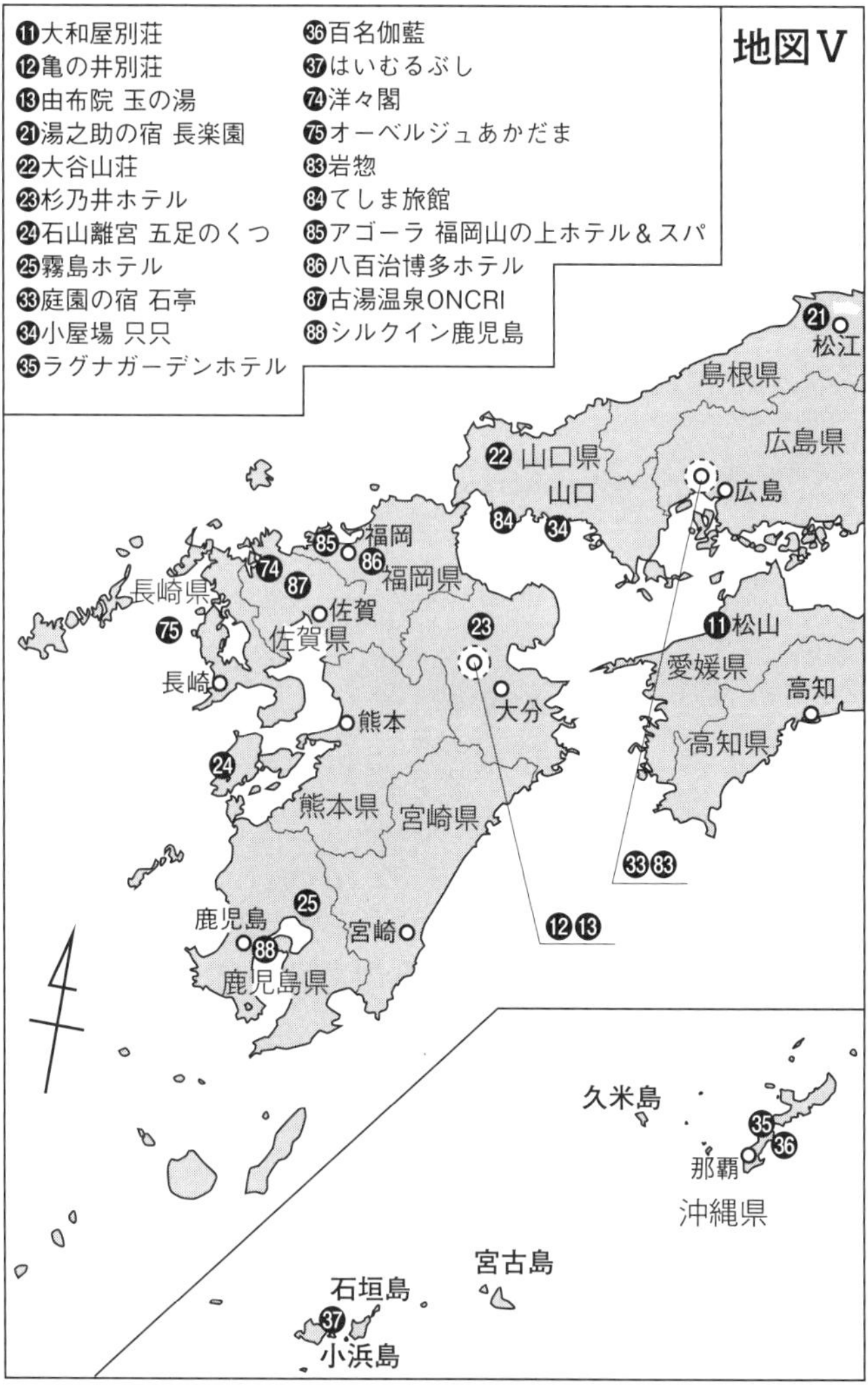
地図Ⅴ
⑪大和屋別荘
⑫亀の井別荘
⑬由布院 玉の湯
㉑湯之助の宿 長楽園
㉒大谷山荘
㉓杉乃井ホテル
㉔石山離宮 五足のくつ
㉕霧島ホテル
㉝庭園の宿 石亭
㉞小屋場 只只
㉟ラグナガーデンホテル
㊱百名伽藍
㊲はいむるぶし
74洋々閣
75オーベルジュあかだま
83岩惣
84てしま旅館
85アゴーラ 福岡山の上ホテル＆スパ
86八百治博多ホテル
87古湯温泉ONCRI
88シルクイン鹿児島
松江
島根県
広島県
山口県
山口
広島
福岡
福岡県
長崎県
佐賀
佐賀県
松山
愛媛県
高知
高知県
長崎
大分
熊本
熊本県
宮崎県
鹿児島
宮崎
鹿児島県
久米島
那覇
沖縄県
宮古島
石垣島
小浜島

柏井 壽（かしわい・ひさし）
一九五二年、京都府生まれ。一九七六年に大阪歯科大学卒業後、京都市北区に歯科医院を開業。生粋の京都人であることから京都関連の、さらには生来の旅好きから、旅紀行のエッセイを執筆。ＢＳ ＦＵＪＩ「絶景・旅の時間」〈絶景温泉〉シリーズの監修・案内役も担当する。
著書に『日本百名宿』『ゆるり京都おひとり歩き』『おひとり京都の愉しみ』『ふらり 京都の春』『京都 夏の極めつき』『おひとり京都の秋』『京都 冬のぬくもり』『極みのローカルグルメ旅』（以上、光文社新書）、『おひとり京都の春めぐり』『極みの京都』（光文社知恵の森文庫）、『京都の路地裏』（幻冬舎新書）など多数。柏木圭一郎名義で「建築学者・京極要平の事件簿」「名探偵・星井裕の事件簿」シリーズを執筆。

だいわ文庫

日本《にほん》ゴクラク湯八十八宿《ゆはちじゅうはっしゅく》

著者 柏井《かしわい》壽《ひさし》

二〇一五年四月一五日第一刷発行

発行者 佐藤 靖
発行所 大和《だいわ》書房
東京都文京区関口一-三三-四 〒一一二-〇〇一四
電話 〇三-三二〇三-四五一一
フォーマットデザイン 鈴木成一デザイン室
本文デザイン ムーブ（新田由起子）
地図 朝日メディアインターナショナル
本文印刷 厚徳社
カバー印刷 山一印刷
製本 小泉製本
ISBN978-4-479-30531-6
乱丁本・落丁本はお取り替えいたします。
http://www.daiwashobo.co.jp